高等教育自学考试系列辅导丛书

丛书组编　四川英华教育文化传播有限公司

Sichuan Yinghua Education & Culture Communication Co.,Ltd

编写依据　《教育心理学新编》（李晓融主编　四川教育出版社）

教育心理学模拟试题集

（教育类专业）

主编　英华教育自考命题研究组

高等教育自学考试《教育心理学》辅导资料

U0952780

课程代码
02111

西南财经大学出版社
Southwestern University of Finance & Economics Press
中国·成都

图书在版编目(CIP)数据

教育心理学模拟试题集/英华教育自考命题研究组主编．—成都：西南财经大学出版社，2018.11

ISBN 978-7-5504-3836-1

Ⅰ．①教…　Ⅱ．①英…　Ⅲ．①教育心理学—高等教育—自学考试—习题集　Ⅳ．①G44-44

中国版本图书馆 CIP 数据核字(2018)第 254513 号

教育心理学模拟试题集

主　编　英华教育自考命题研究组

责任编辑：刘佳庆

封面设计：张姗姗

责任印制：朱曼丽

出版发行	西南财经大学出版社(四川省成都市光华村街 55 号)
网　　址	http://www.bookcj.com
电子邮件	bookcj@foxmail.com
邮政编码	610074
电　　话	028-87353785　87352368
照　　排	四川胜翔数码印务设计有限公司
印　　刷	郫县犀浦印刷厂
成品尺寸	185mm×260mm
印　　张	16.75
字　　数	300 千字
版　　次	2018 年 11 月第 1 版
印　　次	2018 年 11 月第 1 次印刷
印　　数	1— 2500 册
书　　号	ISBN 978-7-5504-3836-1
定　　价	35.80 元

高等教育自学考试系列辅导丛书
编　委　会

丛书前言

依靠自己的力量，在有限的时间里学习一门新课程，从不懂到懂，从不会到会，从不理解到理解，从容易遗忘到记忆深刻，从不会应用到熟练应用，从模仿到创新，把书本知识内化为自己的知识，是一个艰难的过程。在这个过程中，自学者不仅需要认真钻研考试大纲，刻苦学习教材和辅导书，还应该做适量的练习，把学和练有机地结合起来，否则就不能达到预定的学习目标。“纸上得来终觉浅，绝知此事要躬行”，这是每一位自学者都应遵循的信条。

编写模拟试题，同样是不容易的事，它对编写者提出了相当高的要求：

●有较深的学术造诣；

●有较丰富的教学经验；

●对高等教育自学考试有深刻的理解并有一定的辅导自学者的经历；

●对考试大纲、教材、辅导书有深入的了解，对文中的重点、难点、相互联系等有准确的理解；

●对自学者的学习需要和已有的知识基础有一定的了解。

只有具备这些因素，编写者才能编写出高质量的、有利于自学者举一反三、事半功倍的练习题。

基于对学习目标的考虑，我们把模拟试题大致分为四个步骤：

第一，单项练习：针对一个知识点而设计的练习题。其目的在于帮助自学者理解和记忆基本概念和理论。

第二，创造性练习：提供一些案例、事实、材料，使自学者应用所学的理论、观点、方法创造性地解决问题。这类问题可能没有统一的答案，只有一些参考性的思路。其目的很明显，就是培养自学者的创新意识和能力。

第三，综合自测练习：在整个学科范围内设计练习题，尽量参考考试大纲要求的题型，组成类似考卷的练习题。其目的在于使自学者及时检测全部学习状况，帮助自学者做好迎接统一考试的知识及心理准备。

第四，历年真题练习：旨在帮助自学者能按正规考试要求进行学习效果的测试。

子曰："学而时习之，不亦乐乎。"一边学，一边练，有节奏、有规律地复习，不仅提高了学习效率，也会给艰难的学习过程带来不少的快乐。圣人能够体会到这一点，我们每一位自学者同样能体会到。如果通过这样的学习过程，实现了学习目标，实现了人生的理想，实现了对自我的不断超越，那么我们说这种学习其乐无穷也毫不夸张。

高等教育自学考试系列辅导丛书的编写和出版工作是一项艰巨而复杂的文化系统工程，需要付出很多的时间与精力来完成。立足现状，不骄不馁；展望未来，任重道远。我们满怀信心，肩负教育事业赋予文化企业的使命，承担科教兴国的中国教育梦，责无旁贷，无怨无悔。我们坚信只要怀有对文化教育事业的诚挚热爱，心系考生，情牵教育，胜利与成功一定属于付出努力的人。

英华教育自考命题研究组

2017 年 9 月

编写说明

《教育心理学模拟试题集》系四川省高等教育自学考试独立本科教育类各专业教育心理学课程自学考试的配套参考用书。学习本课程有助于教师树立科学的教育观，为继续学习其他课程奠定坚实的理论基础。本课程的主考院校为西南科技大学、四川大学、西华师范大学、四川师范大学等。本课程自开考以来，所编写的复习资料已历时十年之久，虽有数次修改，但因教材版本已修改多次，致使复习资料内容明显过时。而该课程内容多，难度大，且是一门应用性、专业性、理论性及知识性较强的学科，考生在复习备考时常常觉得无从下手。为了满足广大考生复习备考之要求，我们总结长期从事高等教育自学考试教学和管理的经验，在第一版模拟试题集的基础上进行大幅度修改，历时一年之久，重新精心编写了本书，且编写体例也进行了修改。

在编写时，我们依据四川省考试院公布的《教育心理学自学考试大纲》和四川教育出版社出版的《教育心理学新编》（李晓融主编）及历年考试试卷，并结合近年来教育心理学学科的进展和国内外教育实际发展状况，以模拟试题形式组织编写了本书。编写时，力求做到重点突出，内容全面，有针对性，又有较强的实战效果。本书有单项选择题、多项选择题、名词解释题、判断改错题、填空题、问答题等常规考试题型以及近年自考试卷，并配有较为完整的参考答案，以供考生练习和模拟考试使用。

模拟试题毕竟不是试题，有其局限性，希望考生在认真研读教材、大纲的基础上再去做练习，不可本末倒置，置教材、大纲不顾，而一味地做题、猜题、押题，相信考生能理解我们编写此书的良苦用心。

“书山有路勤为径，学海无涯苦作舟”，辅导书固然好，但也只是一个助手，在通往成功之路上，更多的是需要自学者的勤奋和努力。

“梅花香自苦寒来”，考生在学习教育心理学课程的过程中，只有掌握恰当的学习方法，熟记所学内容，多做练习，才能学好这门课程，取得优异的成绩。

知识在不断更新，我们会根据新形势、新情况，应广大考生要求，编写出更多、更新，更适合自考，更符合自考规律的题集。

在编写本书时，我们吸收了国内同行的许多经验和优秀教学成果，并得到主考院校西南科技大学、四川大学、成都信息工程大学、四川旅游学院以及四川科技职业学院自考办、成都航空职业技术学院继续教育学院、四川英华教育文化传播有限公司等单位的大力支持，在此一并表示感谢。同时，对所有参与编写工作的老师的辛勤付出和无私奉献表示感谢。

由于编写时间仓促，编写经验不足，错误与遗漏在所难免，希望考生和助学教师在使用过程中提出批评和意见，我们将会在再版时完善与更新。

英华教育自考命题研究组

2018年10月于成都

目 录

第一部分 综合模拟试卷

第二部分　近年自考试题汇编

第一部分
综合模拟试卷

四川省高等教育自学考试
教育心理学　模拟试卷（一）

（课程代码　**02111**）

注意事项：

本试卷共 8 页，满分 100 分；考试时间 150 分钟。

总分		题号	一	二	三	四	五	六
核分人		题分	15	10	8	12	30	25
复查人		得分						

第Ⅰ部分　选择题（共 25 分）

得 分	评卷人	复查人

一、单项选择题（本大题共 15 小题，每小题 1 分，共 15 分）

在每小题列出的四个备选项中只有一个是符合题目要求的，请将其代码填写在题后的括号内。错选、多选或未选均无分。

1. 学与教活动的主体是（　　）

A. 教师　　B. 学生

C. 教学方法　　D. 教学内容

2. 一般认为，教育心理学成为独立学科是从美国教育心理学家桑代克著《教育心理学》开始的，该书出版的年份是（　　）

A. 1879 年　　B. 1903 年

C. 1913 年　　D. 1923 年

3. 教师对学生的期望可以起一种潜移默化的作用，从而有助于学生学习进步。

教师期望的这种效应是（　　）

A. 艾宾浩斯效应　　B. 马斯洛效应

C. 格式塔效应　　D. 罗森塔尔效应

4. 根据柯拉斯沃等的分类法，情感的教学目标有几个程序（　　）

A. 三　　B. 四

C. 五　　D. 六

5. 学习单个符号或一组符号的意义的学习是（　　）

A. 代表性学习　　B. 概念学习

C. 命题学习　　D. 下位学习

6. 未经强化而条件反射，自动重现的现象被称为（　　）

A. 消退　　B. 恢复

C. 类化　　D. 分化

7. “迁移”一词最初来源于（　　）

A. 桑代克　　B. 斯金纳

C. 加涅　　D. 布鲁姆

8. 著名的格塞尔双生子爬梯实验说明了哪个因素对人的发展的影响作用?（　　）

A. 遗传　　B. 成熟

C. 环境　　D. 主观能动性

9. 学习后间隔一定时间测得的保持量比学习后立即测得的保持量还高的现象是（　　）

A. 记忆量变　　B. 记忆恢复

C. 记忆强化　　D. 记忆歪曲

10. 根据唯物反映论观点，知识的实质是事物的属性或联系在人脑中的反映，也是客观现实在人脑中的（　　）

A. 客观反映　　B. 客观存在

C. 主观印象　　D. 刻板映像

11. 教室内突然出现鲜艳的挂图，就会引起学生的无意注意，这利用了客观刺激物的（　　）

A. 新异性　　B. 强度

C. 活动变化　　D. 对比关系

12. 发散项目的范围或维度是指发散思维中的哪项特征？（　　）

A. 变通性　　B. 流畅性

C. 独立性　　D. 独创性

13. 下列不属于教学设计过程的基本要素的是（　　）

A. 分析教学对象　　B. 选用教学方法

C. 制定教学目标　　D. 掌握教学内容

14. 某些小学开展“校内外结合整体优化教育实验”，创设了各种课外活动班，这种教学策略属于（　　）

A. 垂直充实制　　B. 水平充实制

C. 固定特殊班级制　　D. 弹性特殊班级制

15. 一般在各学年、各学期开始时或开始前施行的学习评定是（　　）

A. 配置性评定　　B. 总结性评定

C. 形成性评定　　D. 有效性评定

得 分	评卷人	复查人

二、多项选择题（本大题共 5 小题，每小题 2 分，共 10 分。）

在每小题列出的五个备选项中至少有两个是符合题目要求的，请将其代码填写在题后的括号内。错选、多选、少选或未选均无分。

16. 常用的因材施教策略有（　　）

A. 能力分班或分组　　B. 跳级

C. 留级　　D. 复式教学

E. 程序教学

17. 人的学习和动物的学习的本质区别包括（　　）

A. 学习的内容有本质区别　　B. 学习的机制不同

C. 学习的动能与动力有本质区别　　D. 学习的有效性不同

E. 学习的方式不同

18. 根据前后学习的难度差异，可以把迁移分为（　　）

A. 正迁移　　B. 顺向迁移

C. 垂直迁移　　D. 逆向迁移

E. 水平迁移

19. 影响学生解决问题的主要心理因素有（　　）

A. 学生已有的知识经验

B. 能否正确地选择和组合有关原理原则

C. 言语的指导

D. 学生解决问题能力的个别差异

E. 学生的智力技能

20. 学校教育心理学的主要研究方法有（　　）

A. 观察法　　B. 调查法

C. 临床个案法　　D. 教育经验总结法

E. 自然实验法

第Ⅱ部分　非选择题（75 分）

得 分	评卷人	复查人

三、填空题（本大题共 8 小题，每小题 1 分，共 8 分。）

请在每小题的空格中填上正确的答案。错填、不填均无分。

21. ________主要描述学习者通过学习以后预期产生的行为变化，而不是教师的教学计划。

22. ________是培养人的一种社会现象。

23. ________在经典条件反射的形成过程中是一项关键性的因素。

24. ________指学习单个符号或一组符号的意义，或者说学习它们代表什么。

25. 完整的学习过程可分为学习、________和再现三个阶段。

26. 所谓________是指人们通过自己在日常活动和实践中亲身体验的心理活动获取知识。

27. ________主要指课堂里某种占优势的态度与情感的综合表现。

28. ________是人们连续学习或工作后效率下降的一种现象。

得　分	评卷人	复查人

四、名词解释题（本大题共 4 小题，每小题 3 分，共 12 分。）

29. 上位学习

30. 个体社会化

31. 理解

32. 焦虑

得 分	评卷人	复查人

五、简答题（本大题共5小题，每小题6分，共30分。）

33. 简述皮亚杰的儿童心理认知发展理论的教育意义。

34. 简述学习教育心理学的意义。

35. 怎样合理地组织复习？

36. 简述课堂管理的原则。

37. 简述课堂问题行为产生的原因。

得 分	评卷人	复查人

六、论述题（本大题共 2 小题，第 38 小题 12 分，第 39 小题 13 分，共 25 分。）

38. 试述理解学校教育心理学的研究对象需注意的要点。

39. 如何培养学生解决问题的能力？

四川省高等教育自学考试
教育心理学　模拟试卷（一）
参考答案

（课程代码　**02111**）

一、单项选择题

1. B　2. B　3. D　4. C　5. A　6. B　7. A　8. B　9. B
10. C　11. A　12. A　13. D　14. D　15. A

二、多项选择题

16. ABCDE　17. ABCE　18. CE　19. ABCD　20. ABCDE

三、填空题

21. 学习目标　22. 教育　23. 强化　24. 代表性学习　25. 保持　26. 直接经验　27. 课堂心理气氛　28. 疲劳

四、名词解释题

29. 上位学习：当所学的新知识相对于原有认知结构为上位关系时，新知识就要由原有认知结构组织起来，原有认知结构就成为进行归纳推理的一整套观念。这种学习称为上位学习。

30. 个体社会化：个人逐渐接受一定社会或群体所要求的知识经验、行为规范、价值观体系以及适应社会能力的过程。

31. 理解：个体逐步认识事物的种种联系、关系，直至认识其本质、规律的一种思维活动。

32. 焦虑：是指一个人的动机性行为遇到实际的或臆想的挫折而产生的消极不安的情绪体验状态。

五、简答题

33. （1）心理及教育测验专家能根据皮亚杰的研究结果编制新的智力测验。

（2）课程专家应根据皮亚杰的发现设计各级学校的课程。

（3）教师可以依皮亚杰的理论配合教学与学生的智能。

34. （1）增加对学校教育过程和学生学习过程的理解。

（2）教育心理学知识是所有教师的专业基础。

（3）有助于教育过程的科学化。

（4）提供了学校教育、教学改革和研究的理论和方法基础。

35. （1）根据遗忘先快后慢的规律，要科学分配复习时间，及时复习，经常复习。

（2）应根据材料的性质和数量合理安排复习。

（3）要强调复习的效率和主动性，强调反复阅读和尝试回忆相结合。

36. （1）课堂管理应以积极指导而不是消极防范为主。

（2）教育在先，奖惩在后，多奖少罚，反对“不教而诛”，多给学生做细致的思想工作。

（3）师生共同确定应当遵守的课堂规范。

（4）实行课堂民主管理，培养学生的团结合作态度。

（5）教师要掌握处理不良课堂行为的技巧。

（6）要尽量消除校内校外的不良影响因素。

37. （1）学生因对教学产生厌烦情绪，寻求其他的刺激而违反课堂纪律。

（2）学生因学习过于紧张，困难较多，害怕失败等原因而产生挫折与焦虑情绪，为寻求发泄的途径而违反课堂纪律。

（3）个别学生因成绩较差，希望老师与同学注意自己、承认自己，为了获得在群体中的地位，而不择手段违反纪律。

六、论述题

38. 理解教育心理学的对象，要注意四个要点：

（1）学校教育心理学是一门科学的学科，它要遵循科学的全部规律，具备科学学科应当具备的要求。

（2）学校教育心理学并不研究所有的学与教问题，它主要研究学校情境中的学与教问题。

（3）学校教育心理学研究的学与教，包括知识、技能的学与教及其伴随这一过程的有关能力的发展，但也涉及学生的思想品德、行为习惯和情感态度的学习。

（4）学校教育心理学以学生学习过程的研究为核心，其研究序列是学与教而不是教与学。正因为具有自己特有的研究对象及其核心理论，学校教育心理学才可能同教育学、儿童心理学及普通心理学等相关学科区别开来，才有独立存在的价值，才有可能形成自己的学科体系的基本理论。

39.（1）培养学生主动解决问题的内在动机。

（2）问题的难易应适合学生的学习能力。

（3）指导学生理解和分析问题，创设必要的问题情境。

（4）给学生提供较充裕的时间和适当的自由。

（5）鼓励学生验证答案，提供解决问题的机会。

四川省高等教育自学考试
教育心理学　模拟试卷（二）

（课程代码　**02111**）

注意事项：

本试卷共8页，满分100分；考试时间150分钟。

总分		题号	一	二	三	四	五	六
核分人		题分	15	10	8	12	30	25
复查人		得分						

第Ⅰ部分　选择题（共25分）

得 分	评卷人	复查人

一、单项选择题（本大题共15小题，每小题1分，共15分）

在每小题列出的四个备选项中只有一个是符合题目要求的，请将其代码填写在题后的括号内。错选、多选或未选均无分。

1. 学校教育心理学的研究对象是（　　）

A. 所有的学与教　　B. 学校情境中的学与教

C. 实践过程中的学与教　　D. 社会情境中的学与教

2. 根据动机在活动中起作用的时间远近可把动机分为（　　）

A. 有效动机和无效动机　　B. 外来动机和内在动机

C. 远景性动机和近景性动机　　D. 正确动机和错误动机

3. 教师可能兼任少先队辅导员，这属于教师角色中的（　　）

A. 课堂管理者　　B. 办事员

C. 教员　　D. 团队活动领导者

4. 下列哪位学者的学习理论是第一个系统的教育心理学理论（　　）

A. 桑代克　　B. 皮亚杰

C. 布鲁姆　　D. 布鲁纳

5. 在认知的教学目标分类中，把认知教学目标分为知识、理解、应用、分析、统合、评审六项的是（　　）

A. 布鲁姆　　B. 柯拉斯沃

C. 齐卜勒　　D. 泰勒

6. 艾里克森的人格发展的核心原理乃是他所称的（　　）

A. 新生论原理　　B. 认知论原理

C. 道德论原理　　D. 学习论原理

7. 发现并绘制了第一个遗忘曲线的是（　　）

A. 布鲁纳　　B. 贾德

C. 桑代克　　D. 艾宾浩斯

8. 人本主义心理学代表人物罗杰斯最有代表性的著述是（　　）

A.《学会自由》　　B.《教育过程》

C.《爱弥儿》　　D.《学习的条件》

9. 下列选项中，属于奥苏贝尔的认知接受学习理论的是（　　）

A. 重视学习过程

B. 学习是一个主动的认知过程

C. 强调内部动机的重要性

D. 有意识接受学习是学生学习的主要形式

10. 知识传递的唯一途径是（　　）

A. 直接传递　　B. 间接传递

C. 循环传递　　D. 辐射传递

11. 创造性思维是人类思维的高级过程，其特征是思维过程及其产品的（　　）

A. 条理性和目的性　　B. 新颖性和独创性

C. 普遍性和具体性　　D. 抽象性和概括性

12. 下列哪项是教学的一个基本单位，指在一定的时间内，教师和学生相互作用达到教学目的（　　）

A. 教育　　B. 教学

C. 课　　D. 学校教育

13. 在充实制教学策略中，扩增教材或作业的分量而不增加难度的方法是（　　）

A. 垂直充实　　B. 水平充实

C. 原则充实　　D. 弹性充实

14. 在各类学习评定中，一般是在教和学的过程中进行的，目的在于了解教学结果，探究教学中所存在的问题的缺陷，以便对教学工作进行调整的是（　　）

A. 配置性评定　　B. 形成性评定

C. 总结性评定　　D. 综合性评定

15. 课堂心理气氛主要有三种类型：积极的、消极的与（　　）

A. 沉默的　　B. 对抗的

C. 安静的　　D. 活跃的

得 分	评卷人	复查人

二、多项选择题（本大题共 5 小题，每小题 2 分，共 10 分。）

在每小题列出的五个备选项中至少有两个是符合题目要求的，请将其代码填写在题后的括号内。错选、多选、少选或未选均无分。

16. 组成课的要素有（　　）

A. 教材　　B. 一段时间

C. 教师和学生　　D. 师生相互作用

E. 教室

17. 在我国，一般习惯于根据学习的内容和结果把学习划分为（　　）

A. 以思维为主的能力的学习　　B. 知识的学习

C. 道德品质和行为习惯的学习　　D. 情意和人格的学习

E. 技能的学习

18. 对学习迁移现象的理论解释中，影响较大的传统理论主要有（　　）

A. 共同要素论　　B. 概括化理论

C. 形式训练说　　D. 关系理论

E. 认知结构学习理论

19. 发散性思维的特征包括（　　）

A. 独创性　　B. 流畅性

C. 变通性　　D. 易变性

E. 挑战性

20. 学习困难儿童的失常现象可能包括（　　）

A. 轻微大脑功能失常　　B. 知觉障碍

C. 大脑受伤　　D. 发展性失语症

E. 阅读困难

第Ⅱ部分　非选择题（75 分）

得 分	评卷人	复查人

三、填空题（本大题共 8 小题，每小题 7 分，共 8 分。）

21. ＿＿＿＿＿是凭借认识或思想来实现的，是思想或认识对需要的相互作用的过程。

22. 从心理学立场看，学校教育过程的核心或实质就是要塑造或改变学生个体的＿＿＿＿＿或认知结构。

23. 斯金纳认为，凡是能够增加某种反应概率的刺激都可以称为＿＿＿＿＿。

24. 有意义学习的＿＿＿＿＿，是指积极主动地把符号所代表的新知识与学习者认知结构中原有的适当知识加以联系的倾向性。

25. 遗忘曲线揭示了遗忘“＿＿＿＿＿”的规律，它对课堂教学，特别是对复习的组织意义深远。

26. ＿＿＿＿＿是指比字面的理解较为深入，一般能对有关知识进行分析概括，找出知识间的内在联系。

27. 根据学生在课堂上表现出来的注意状态、情感状态、意志状态、定势状态与思维状态，可将课堂心理气氛分成积极的、消极的和＿＿＿＿＿三种类型。

28. 研究表明，疲劳与学习效率成＿＿＿＿＿关系。

得 分	评卷人	复查人

四、名词解释题（本大题共 4 小题，每小题 3 分，共 12 分。）

29. 并列结合学习

30. 正式学生群体

31. 审题

32. 疲劳

得 分	评卷人	复查人

五、简答题（本大题共5小题，每小题6分，共30分。）

33. 简述艾里克森划分的心理社会性的各个阶段。

34. 简述学校教育对学生个体发展的影响。

35. 简述有意义遗忘理论的运用。

36. 简述培养学生积极自我意识的教学原则。

37. 简述课堂教学的管理技巧。

得 分	评卷人	复查人

六、论述题（本大题共 2 小题，第 38 小题 12 分，第 39 小题 13 分，共 25 分。）

38. 试述学生逻辑思维能力的培养。

39. 试述现代西方学校教育心理学发展的特点。

四川省高等教育自学考试
教育心理学　模拟试卷（二）
参考答案

（课程代码　**02111**）

一、单项选择题

1. B　2. C　3. D　4. A　5. A　6. A　7. D　8. A　9. D
10. B　11. B　12. C　13. B　14. B　15. B

二、多项选择题

16. BCD　17. ABCE　18. ABCD　19. ABC　20. ABCDE

三、填空题

21. 目标选择　22. 经验组织　23. 强化物　24. 心向　25. 先快后慢　26. 解释的理解　27. 对抗的　28. 反向

四、名词解释题

29. 并列结合学习：当新知识相对于原有认知结构既不存在上位关系，又不存在下位关系，只是和认知结构中的某些观念具有一般的吻合性时，新知识则可用原有知识进行类化成外推获得，并与原有认知结构产生一种并列的组合，可能产生联合意义。这种学习称为并列结合学习。

30. 正式学生群体：根据上级正式文件或学校内部正式规定而建立的各种学生群体组织。

31. 审题：也叫分析课题，就是掌握课题的任务和条件，形成有关课题的映象。

32. 疲劳：是人们连续学习或工作以后效率下降的一种现象，可以分为生理的疲劳与心理的疲劳。

五、简答题

33. 艾里克森认为人的一生要经历八个心理社会性发展的阶段：

（1）从出生到1岁，信任对不信任。

（2）从2岁到3岁，自主对羞怯、怀疑。

（3）从4岁到5岁，主动对内疚。

（4）从6岁到11岁，勤奋对自卑。

（5）从12岁到18岁，同一性对角色混乱。

（6）成年初期，亲密和团结对孤立。

（7）成年初期，创造性对自我决定。

（8）老年期，完善对厌恶和绝望。

34. 学校教育对学生个体发展的影响主要表现在以下两个方面：

（1）影响学生个体的社会化。

（2）影响学生个体心理的发展。

35. （1）解释认知按层次组织的趋势。

（2）解释和证明有意义保持的优越性。

（3）解释前摄抑制和倒摄抑制。

（4）解释记忆恢复现象。

（5）解释呈现材料与回忆材料的差异。

36. （1）树立自信、自重与自尊的行为模范。

（2）以成功的经验激励学生的积极自我意识。

（3）尊重学生的理智与情感，防止不当的褒贬。

（4）提出明确与合理的要求，关心学生的学习成败，期望应成为对学生潜能的挑战。

（5）尊重学生个人价值，培养合理的人际关系。

37. （1）使用信号制止不良行为。

（2）邻近控制。

（3）提高兴趣。

（4）使用幽默。

（5）安排余暇。

（6）劝离课堂。

（7）移除诱因。

（8）提出要求。

六、论述题

38. 逻辑思维能力的培养主要有：

（1）教学内容和教学过程有逻辑性是培养学生逻辑思维能力的前提。

（2）学生的思维积极性是其展开逻辑思维的重要条件。

（3）创设适当情境是培养学生逻辑思维能力的关键。

（4）培养学生使用正确的方法进行逻辑思维。

（5）指导学生发现和克服思维障碍。

（6）加强语言训练。

39. 现代西方学校教育心理学发展的特点为：（1）学与教问题成为学校教育心理学研究的中心问题。

（2）认知心理学的理论深入学与教的过程的研究之中，比较重视研究较为复杂的学生的学习过程，研究方法越来越先进。

（3）重视研究课堂教学的心理学问题，强调理论的实际应用，重视学习的个别指导（因材施教）问题。

四川省高等教育自学考试
教育心理学　模拟试卷（三）

（课程代码　02111）

注意事项：

本试卷共 8 页，满分 100 分；考试时间 150 分钟。

总分		题号	一	二	三	四	五	六
核分人		题分	15	10	8	12	30	25
复查人		得分						

第Ⅰ部分　选择题（共 25 分）

得 分	评卷人	复查人

一、单项选择题（本大题共 15 小题，每小题 1 分，共 15 分）

在每小题列出的四个备选项中只有一个是符合题目要求的，请将其代码填写在题后的括号内。错选、多选或未选均无分。

1. 教育心理学的发展阶段中，开始形成完整的现代教育心理学体系的时期是（　　）

A. 初创时期　　B. 过渡时期

C. 发展时期　　D. 鼎盛时期

2. 一般而论，教师最重要的能力是（　　）

A. 课堂教学能力　　B. 了解或研究学生的能力

C. 组织班集体能力　　D. 和家长沟通的能力

3. 最为重要的学生集体是（　　）

A. 班集体 B. 学生会

C. 学习小组 D. 学生宿舍

4. 发展的最本质的倾向表现为（　　）

A. 分化与整合的过程 B. 分化与对抗的过程

C. 对立与统一的过程 D. 同化与平衡的过程

5. 柯尔柏格指出道德发展是（　　）

A. 家庭与社会交互作用的结果

B. 家庭与学校交互作用的结果

C. 个人与社会交互作用的结果

D. 学校与社会交互作用的结果

6. 学生把自己的感情、思想或信念归诸别人或客体的心理现象被称为（　　）

A. 压抑 B. 投射

C. 回归 D. 移置

7. 斯金纳通过实验提出，有机体的行为可分为两类，一类是应答性行为，另一类是（　　）

A. 认知性行为 B. 操作性行为

C. 反应性行为 D. 刺激性行为

8. 达到最低限度领会以后，或者在达到勉强可以回忆的程度以后，对某一课题继续进行学习的现象称为（　　）

A. 过度学习 B. 记忆恢复

C. 复习 D. 强化

9. 个体逐步认识事物的种种联系、关系，直到认识其本质、规律的一种思维活动是（　　）

A. 理解 B. 识记

C. 技能培养 D. 练习

10. 在记忆领域的心理学研究中，正迁移又叫作（　　）

A. 前摄易化 B. 原则迁移

C. 前摄抑制 D. 倒摄抑制

11. 教学策略是实现教学目标的方式，它的设计主要解决的问题是（　　）

A. 教什么 B. 如何教

C. 教的过程 D. 教的结果

12. 一些大物体中间的小物体容易引起学生的注意，这是利用了刺激物的哪种特点（ ）

A. 新异性
B. 强度
C. 对比关系
D. 活动变化

13. 常常不自觉地静默端坐，因而对外界刺激缺乏适当反应的儿童属于（ ）

A. 禀赋优异儿童
B. 智能不足儿童
C. 学习困难儿童
D. 情绪困扰儿童

14. 根据布鲁姆的教学目标分类理论，价值的性格化属于哪个领域的教学目标（ ）

A. 认知领域
B. 情意领域
C. 心因动作领域
D. 记忆领域

15. 一项测验与所要测量的目标特征相符合的程度是（ ）

A. 效度
B. 难度
C. 信度
D. 区分度

得 分	评卷人	复查人

二、多项选择题（本大题共5小题，每小题2分，共10分。）

在每小题列出的五个备选项中至少有两个是符合题目要求的，请将其代码填写在题后的括号内。错选、多选、少选或未选均无分。

16. 非正式学生群体的特点有（ ）

A. 群体内部的一致性
B. 独立性
C. 情感依赖性
D. 有固定的组织结构
E. 凝聚力不强

17. 斯金纳认为，“教学就是安排可能发生强化的事件促进学习”，他建议利用操作条件反射的理论安排程序教学，以便更有效地呈现于学习教材。其程序教学的基本原则是（ ）

A. 小步子逻辑序列
B. 要求学生做出积极反应
C. 及时反馈
D. 学生自定步调
E. 低的错误率

18. 克服遗忘的传统策略包括（　　）

A. 注意营养和健康　　B. 过度学习

C. 复习　　D. 记忆术

E. 加强记忆信心

19. 学习积极性的高低可以从下列哪些方面考察？（　　）

A. 情感状态　　B. 心理状态

C. 注意状态　　D. 情绪状态

E. 意志状态

20. 影响课堂心理气氛的因素有（　　）

A. 教师的教学　　B. 课堂的领导方式

C. 校风　　D. 班风

E. 师生的人际关系

第Ⅱ部分　非选择题（75分）

得 分	评卷人	复查人

三、填空题（本大题共8小题，每小题7分，共8分。）

21. ＿＿＿＿＿特指在课堂情境中主要通过上课完成的教育。

22. ＿＿＿＿＿具有最高度地组织化了的象征性的信号功能。

23. 班杜拉进一步发展了条件反射的理论，提出了＿＿＿＿＿。

24. ＿＿＿＿＿实际上是学习几个概念联合所构成的复合意义。

25. 将需记忆的全部项目放在一定的环境里，使之联结，便于回忆的方法是＿＿＿＿＿。

26. ＿＿＿＿＿是通过练习而自动化了的动作方式或智力的活动方式。

27. ＿＿＿＿＿是一种类似于担忧的反应，是对当前或预计到对自尊心有潜在威胁的任何情境具有一种担忧的反映倾向。

28. 良好的师生关系在很大程度上取决于教师的＿＿＿＿＿。

得 分	评卷人	复查人

四、名词解释题（本大题共 4 小题，每小题 3 分，共 12 分。）

29. 机械学习

30. 非正式学生群体

31. 智力技能

32. 禀赋优异儿童

得 分	评卷人	复查人

五、简答题（本大题共5小题，每小题6分，共30分。）

33. 简述柯尔柏格道德发展论给予教师的启示。

34. 简述有效教学的指标。

35. 简述学生知识应用的一般过程。

36. 简述父母促进子女学习的条件。

37. 简述良好的课堂管理的主要原则。

得 分	评卷人	复查人

六、论述题（本大题共 2 小题，第 38 小题 12 分，第 39 小题 13 分，共 25 分。）

38. 教师应怎样进行正常的课堂交往？

39. 试述教师帮助学生防止不良行为出现的技巧。

四川省高等教育自学考试
教育心理学　模拟试卷（三）
参考答案

（课程代码　**02111**）

一、单项选择题

1. C　2. A　3. A　4. A　5. C　6. B　7. B　8. A　9. A
10. A　11. B　12. C　13. C　14. B　15. A

二、多项选择题

16. AC　17. ABCDE　18. ABCDE　19. CDE　20. ABCDE

三、填空题

21. 学校教育　22. 语言　23. 社会学习理论　24. 命题学习　25. 环境联结法
26. 技能　27. 焦虑　28. 学生观

四、名词解释题

29. 机械学习：指学习材料无逻辑意义，无适当的认知结构或无进行有意义学习的心向，只能获得人为的、逐字逐句联想的学习。

30. 非正式学生群体：即没有正式规定建立，也无须任何人批准同意，由学生自愿组合而成的学生群体。

31. 智力技能：是以抽象思维主导的解决实际问题的技能，它是借助于内部言语在头脑中进行的。

32. 禀赋优异儿童：凡智力测验获得智商 140 分以上者，或在特殊性向测验中有突出表现者，或在创造性能力测验中得分超群者等，均可被认为是禀赋优异的儿童。

五、简答题

33.（1）有效的道德教育或品德陶冶必须根据各时期道德观念发展的特征而实施。

（2）对早期儿童教条式的说教，忽略儿童对权威的看法与对需欲的满足，很容易造成看似道貌岸然实则功利横行的现象。

（3）负责教养者不应抱“亡羊补牢、为时未晚”的想法，让“趁热打铁”的各时期荒废过去，因为某一时期的道德观念若不能充分发展而欲于后来设法补救。

34.（1）清楚而明确地组织教材。

（2）清晰地阐述学习目标。

（3）有目的地选择和安排适当的学习活动。

（4）学生从事创建性的活动。

（5）师生均有方向感。

（6）有令人愉快的气氛。

（7）有对工作的严肃认真感。

（8）同学之间和师生之间相互尊重。

（9）个别学生得到照顾。

35.（1）审题。

（2）通过联想，再现有关知识。

（3）使当前课题与有关知识联系起来，实现课题类化。

（4）做出解题判断并向实践转化。

36.（1）爱护子女，家庭气氛温暖，尊重孩子，对孩子充满期望。

（2）关心子女的学习。

（3）关心子女智力的发展。

37.（1）以积极的指导为主，以消极的管理为辅。

（2）培养良好行为于先，奖惩管理于后。

（3）师生共同制定可能达成的行为标准。

（4）采取民主式领导，培养学生群居共处的合作态度。

（5）改善处理问题行为的知能与技巧，以他律为始，以自律为终。

（6）减少造成不良行为的校内及校外刺激因素。

六、论述题

38. 课堂中的交往主要是教和学双方，或者说是教师和学生两方面的交往。这个过程中发动者、引导者和主导者是教师，因而教师的胜任是正常交往的前提。他们应具备以下条件：

（1）对所教课题胜任。

（2）应被学生视为可靠的、一致的、有预见力和乐于助人的人。

（3）在讲授的可懂度、说服力和生动性方面可以接受。

（4）讲授热情、目的明确、态度友好而坦率。

（5）有接受反馈的愿望，乐于接受意见。

（6）讲话的速度不要太快或太慢，大多数学生能够接受。

（7）要有提问的技巧，不能只提知识性的简单问题，要采用启发式提问。

39. 主要技巧有：

（1）了解内情。教师应试图知道事情的来龙去脉，不仅局限于了解事件的本身，还要知道看来无关的事情，知道到底发生了什么以及为什么会发生。

（2）重叠。教师应在同一时间内注意两个或更多的问题行为，不要仅局限于“见子打子”“就事论事”。教师不能只顾预防一个问题行为的发生，而不管可能连带出现的其他问题行为。

（3）持续不断。教师应维持一种连续的教育步调，“毕其功于一役”的运动式做法的效果是令人怀疑的。

（4）平和。教师的教育应像小河流水一样持续不断，平静、实在而又有力。

（5）利用小组开展教育。教师应有通过向全小组学生进行教育，利用小组集体力量，而促使每一个学生卷入和参与、注意及警觉的能力。

四川省高等教育自学考试
教育心理学　模拟试卷（四）

（课程代码　**02111**）

注意事项：

本试卷共 8 页，满分 100 分；考试时间 150 分钟。

总分		题号	一	二	三	四	五	六
核分人		题分	15	10	8	12	30	25
复查人		得分						

第Ⅰ部分　选择题（共 25 分）

得 分	评卷人	复查人

一、单项选择题（本大题共 20 小题，每小题 1 分，共 20 分）

在每小题列出的四个备选项中只有一个是符合题目要求的，请将其代码填写在题后的括号内。错选、多选或未选均无分。

1. 当前我国教师的主要的、基本的心理特征是（　　）

A. 热爱学生，期望学生健康成长

B. 观察敏锐，善于了解学生

C. 意志坚定，善于支配感情

D. 思维灵活，注意客观分析

2. 班主任主要依靠少数几个干部维持班上工作，多数学生对班集体的支持仅属一般。这种班集体属于（　　）

A. 发展的班集体　　　　B. 散聚的班集体

C. 团结的班集体　　D. 离散的班集体

3. 下列作品中，布鲁姆的代表作是（　　）

A.《教育目标分类》　　B.《教育过程》

C.《学习的条件》　　D.《教育心理学》

4. 对同类条件刺激不经强化而能引起条件反射的现象，被称为（　　）

A. 消退　　B. 恢复

C. 刺激类化　　D. 分化

5. 柯尔柏格认为道德发展依赖个人的（　　）

A. 认知能力的发展　　B. 学习能力的发展

C. 自控能力的发展　　D. 交往能力的发展

6. 随着生理年龄的推移，作为经验和内部相互作用的结果而在个体的整个体系内产生的机能构造上的变化过程是（　　）

A. 疲劳　　B. 力衰

C. 发展　　D. 成熟

7. 下列属于认知结构主义派别的心理学家的是（　　）

A. 贾德　　B. 苛勒

C. 桑代克　　D. 布鲁纳和奥苏贝尔

8. 刺激—反应的联结学习理论最初的代表人物是（　　）

A. 巴甫洛夫　　B. 桑代克

C. 斯金纳　　D. 华生

9. 静静的阅览室中的耳语声往往比锣鼓声中的大喊声更能引起注意，这属于客观刺激物的哪种特点（　　）

A. 新异性　　B. 强度

C. 对比关系　　D. 活动变化

10. 人们对事物的爱憎、趋避的心理及行为倾向是（　　）

A. 态度　　B. 发展

C. 回归　　D. 投射

11. 一种学习对另一种学习产生积极的影响叫作（　　）

A. 正迁移　　B. 负迁移

C. 顺向迁移　　D. 逆向迁移

12. 下列哪一项不属于遗忘产生的原因（　　）

A. 生理原因　　B. 心理原因

C. 记忆痕迹衰退　　D. 干扰

13. 根据世界保健机构、WHO 及 AAMD 对智能不足儿童的分类，智商在 25~39 之间的儿童属于（　　）

A. 轻度智能不足儿童　　B. 中度智能不足儿童

C. 重度智能不足儿童　　D. 深度智能不足儿童

14. 教学设计工作中的中心是（　　）

A. 研究者　　B. 学习者

C. 老师　　D. 领导

15. 根据布鲁姆的学习评定分类，一般在学期末进行的是（　　）

A. 形成性评定　　B. 配置性评定

C. 总结性评定　　D. 有效性评定

得 分	评卷人	复查人

二、多项选择题（本大题共 5 小题，每小题 2 分，共 10 分。）

在每小题列出的五个备选项中至少有两个是符合题目要求的，请将其代码填写在题后的括号内。错选、多选、少选或未选均无分。

16. 一个优秀的学生班集体的形成，一般要经过如下过程（　　）

A. 组建阶段　　B. 形核阶段

C. 形成阶段　　D. 发展阶段

E. 确立阶段

17. 依据强化间隔状况可把强化分为（　　）

A. 固定间时强化　　B. 灵活间时强化

C. 固定间次强化　　D. 灵活间次强化

E. 替代强化

18. 影响学习迁移的主要因素有（　　）

A. 学习情境的相似性　　B. 学习材料的性质

C. 学习活动的多样性　　D. 年龄特征

E. 智力水平

19. 对于各种特殊学生，教学中应贯彻的原则有（　　）

A. 正常的对待方式　　B. 正确的态度
C. 及时的教导　　D. 积极的评价
E. 主动的操作

20. 富于创造性思维的学生具有以下特征（　　）
A. 独立性　　B. 智力特点
C. 喜欢新奇与复杂　　D. 幽默感
E. 开放性

第Ⅱ部分　非选择题（75 分）

得 分	评卷人	复查人

三、填空题（本大题共 8 小题，每小题 1 分，共 8 分。）

21. ＿＿＿＿＿，是随着生理年龄的推移，作为经验和内部相互作用的结果而在个体的整个体系内产生的机能构造上的变化过程。

22. 创设适合学生学习的＿＿＿＿＿是教师教学的主要任务。

23. ＿＿＿＿＿是根据反应次数间隔而定，只不过这个间次是随机而不是固定的。

24. 奥苏贝尔认为，＿＿＿＿＿就是所学的新知识与原有认知结构相互作用，原有认知结构包含了新知识并扩大自身，形成更高度分化的认知结构的过程。

25. ＿＿＿＿＿是一种工作记忆，它接受从感觉贮存和长时记忆中选择出来的信息。

26. 练习的进展往往有起伏，很少笔直前进，因此，可用一条曲线形象地表示出来，这叫作＿＿＿＿＿。

27. ＿＿＿＿＿是教师基本功的重要方面，也是保证学习活动正常开展的重要措施。

28. 教学设计工作具有系统性、具体性和＿＿＿＿＿等特点。

得 分	评卷人	复查人

四、名词解释题（本大题共4小题，每小题3分，共12分。）

29. 发现学习

30. 罗森塔尔效应

31. 高原现象

32. 智能不足儿童

得 分	评卷人	复查人

五、简答题（本大题共5小题，每小题6分，共30分。）

33. 怎样看待和处理学生非正式群体?

34. 简述学生学习的特点。

35. 简述影响学生知识应用的主要因素。

36. 简述父母促进子女学习的原则。

37. 简述教学设计过程的基本要素。

得 分	评卷人	复查人

六、论述题（本大题共 2 小题，第 38 小题 12 分，第 39 小题 13 分，共 25 分。）

38. 试述教师发展的专业化和人性化方向。

39. 怎样培养和激发学生的学习动机?

四川省高等教育自学考试
教育心理学　模拟试卷（四）
参考答案

（课程代码　**02111**）

一、单项选择题

1. A　2. B　3. A　4. C　5. A　6. C　7. D　8. B　9. B
10. A　11. A　12. B　13. C　14. B　15. C

二、多项选择题

16. ABCD　17. ABCD　18. ABCDE　19. ABDE　20. ABCD

三、填空题

21. 发展　22. 课堂情境　23. 灵活间次强化　24. 同化　25. 短时记忆　26. 练习曲线　27. 课堂管理　28. 灵活性

四、名词解释题

29. 发现学习：指不提供现成的学习内容的答案，经过学习者自己发现而进行的学习。

30. 罗森塔尔效应：教师对学生的期望可以起一种潜移默化的作用，从而有助于学生学习的进步。教师期望的这种效应就是著名的“罗森塔尔效应”，也叫“皮格马利翁效应”。

31. 高原现象：在技能形成过程中，一般在练习的中期，会出现进步的暂时停顿现象，这就是练习曲线上的所谓“高原期”。这种在练习中期的一定阶段，练习成绩发生的停滞现象就是“高原现象”。

32. 智能不足儿童：是指具有在心智发展期间所显著表现的低于平均的心智功能与缺陷性的适应行为的儿童。

五、简答题

33. （1）利用非正式学生群体的特点增强正式学生群体的素质。

（2）精心做好消极的非正式群体成员的工作，特别是做好其“领袖”人物的工作，以限制其消极作用，争取让其转化，发挥积极作用。

（3）对于破坏型的学生中的“团伙”，要坚决予以拆散，不能允许存在，当然，对此也要讲方式方法。

34. （1）间接性学习为主，直接性学习为辅。

（2）组织计划性。

（3）有效性。

（4）年龄差异性。

（5）学生学习的面向未来特性。

35. （1）学生对知识的理解水平与巩固程度。

（2）学生的智力活动水平。

（3）课题的性质。

（4）动机与情绪。

36. （1）愿意花时间关照子女的学习。

（2）愿意辅导子女的学习，但要鼓励子女学会自我依赖。

（3）期待子女适当的学习成就；指望子女在学校进行合理的竞争，获得必要的成绩，追求更高的学习水平；鼓励子女和同学共同学习。

（4）奖励子女正确的学习行为。

（5）提供子女心智发展所需的家庭环境。

（6）善于使用外界的学习资源。

（7）及早帮助诊断子女学习的优点及缺陷，作必要的发掘或补救。

37. （1）分析教学对象。

（2）制定教学目标。

（3）选用教学方法。

（4）开展教学评价。

六、论述题

38. 中小学教师专业化主要应包括两方面的含义：

（1）他们不但应胜任所担负的教学工作，具有相关学科的较高专业素养和能力，而且能够知道怎样了解、关心和教育学生，怎样利用和协调各种主客观条件，以创设适合学生成长和发展的有利环境。

（2）教师应遵循符合其职业的道德准则和职业行为规范，在思想和行为上作学生的典范，“为人师表”。与教师专业化发展方向相关的是提倡教师素养的人性化方向。其含义是，立足基础教育培养学生全面素质的“育人”需要，提倡教师应该从新一代成长和发展的需要出发，以一种特殊的教育者的立场，从一种特殊的对新一代人和未成年者的爱护和同情，形成一种相对于其他专业人员来说更具有人情味的新人道主义态度。

39. （1）加强学习目的教育，发挥目标激励作用。

（2）引起心理上的不确定性，激发学生的求知欲。

（3）通过获得成功的机会和体验，激发学生的学习动机。

（4）培养和激发学生的学习兴趣。

（5）利用学习反馈和学习评定。

（6）利用学习竞赛和奖惩激发学习动机。

（7）与学生签订学习协议。

（8）在课堂教学中选用激发学生学习动机的技巧。

四川省高等教育自学考试
教育心理学　模拟试卷（五）

（课程代码　02111）

注意事项：

本试卷共 8 页，满分 100 分；考试时间 150 分钟。

总分		题号	一	二	三	四	五	六
核分人		题分	15	10	8	12	30	25
复查人		得分						

第Ⅰ部分　选择题（共 25 分）

得 分	评卷人	复查人

一、单项选择题（本大题共 15 小题，每小题 1 分，共 15 分）

在每小题列出的四个备选项中只有一个是符合题目要求的，请将其代码填写在题后的括号内。错选、多选或未选均无分。

1. 下列著作中，加涅的代表作是（　　）

A.《人类的特征与学习》　　B.《教育心理学》

C.《教育目标分类》　　D.《学习的条件》

2. 经常在一起游玩、娱乐的学生小团伙属于（　　）

A. 破坏型非正式群体

B. 消极型非正式群体

C. 中间型非正式群体

D. 正面型非正式群体

3. 学校教育心理学中最重要、最核心的理论是（　　）

A. 教育理论　　B. 学习理论

C. 认知理论　　D. 迁移理论

4. 教师常有一种错觉，以为学生必定按他们讲的意义去理解。这属于课堂交往障碍中的（　　）

A. 角色地位障碍　　B. 课堂交往中的心理障碍

C. 课堂结构障碍　　D. 课堂语言障碍

5. 心理年龄特征并不经常发生根本性变化，不可能完全不相同。这说明儿童心理年龄特征具有（　　）

A. 永恒性　　B. 稳定性

C. 不可知性　　D. 可变性

6. 在下列迁移中，后继学习对先前学习的影响是（　　）

A. 正迁移　　B. 负迁移

C. 逆向迁移　　D. 顺向迁移

7. 根据布鲁姆的教学目标分类理论，“价值的性格化”属于哪个领域的教学目标（　　）

A. 认知领域　　B. 情意领域

C. 情感领域　　D. 心因动作领域

8. 条件刺激与无条件刺激在时间上的反复结合是（　　）

A. 恢复　　B. 分化

C. 类化　　D. 强化

9. 弗洛伊德认为，动机性遗忘是与不快、不安和内疚相关的遗忘，其实质是一种（　　）

A. 发泄　　B. 压抑

C. 不满　　D. 释放

10. 能摆脱有关材料的束缚，发表独立见解，探索新的解答方案的理解是（　　）

A. 解释的理解　　B. 批判性理解

C. 字面理解　　D. 创造性理解

11. 导听教学是由下列哪位人物设计的（　　）

A. 凯勒　　B. 波思尔思韦特

C. 皮亚杰 D. 罗杰斯

12. 学习动机强弱的标志主要是活动水平和（ ）

A. 积极性 B. 指向性

C. 主动性 D. 顺畅性

13. 下列因材施教策略中，不分年级、不同年龄学生在同一课堂学习的教学组织形式是（ ）

A. 能力分班 B. 跳级

C. 复式教学 D. 程序教学

14. 大脑神经兴奋消耗能量超出恢复过程而产生的疲劳是（ ）

A. 肌肉疲劳 B. 神经系统疲劳

C. 心理疲劳 D. 感知疲劳

15. 测量工具必须具备的首要条件是（ ）

A. 效度 B. 难度

C. 区分度 D. 信度

得 分	评卷人	复查人

二、多项选择题（本大题共 5 小题，每小题 2 分，共 10 分。）

在每小题列出的五个备选项中至少有两个是符合题目要求的，请将其代码填写在题后的括号内。错选、多选、少选或未选均无分。

16. 在《教学论》一书中，布鲁纳认为发现学习的作用有（ ）

A. 发挥技能潜力

B. 帮助信息的保持和探索

C. 使外部奖励向内部动机转移

D. 通过对外信息的发现，学会以后发现问题的最优方法和策略

E. 发挥智力潜力

17. 下列选项中，属于课堂交往障碍的是（ ）

A. 角色地位障碍 B. 课堂语言障碍

C. 课堂效果障碍 D. 课堂结构障碍

E. 交往技能障碍

18. 奥苏贝尔提出的主要影响迁移与保持的认知结构变量（指标）有（ ）

A. 原有的起固定作用观念的清晰性

B. 原有的起固定作用观念的稳定性

C. 新旧观念的可辨别性

D. 可利用性

E. 目的性

19. 客观刺激物的特点包括（　　）

A. 刺激物的新异性

B. 刺激物的强度

C. 刺激物的变异性

D. 刺激物之间的对比关系

E. 刺激物的活动变化

20. 决定组块大小应考虑以下哪几个方面的因素（　　）

A. 学习者的准备知识

B. 学习者的年龄

C. 学习者的性别

D. 学习的类型

E. 学习的场所

第Ⅱ部分　非选择题（75分）

得分	评卷人	复查人

三、填空题（本大题共8小题，每小题1分，共8分。）

21. 一般来说，我们对一切的机能发展是可以直接观察测量到的，都是由__________同环境条件相互作用的结果所产生的反应。

22. 根据上级正式文件或学校内部正式规定而建立的各种学生群体组织是__________。

23. 斯金纳认为，强化“所引起变化的只是同类反应的将来概率”，凡能增强某个反应概率的刺激均可称为__________。

24. 学生利用头脑中已经掌握的“笔”的概念来学习“钢笔”的概念，这种同化模式属于__________。

25. __________的结果不仅使识记和保持更加容易，而且便于信息的检索和提取。

26. 在练习中期的一定阶段，练习成绩发生的停滞现象就是“__________”。

27. __________就是承认差别，设法在一对一的基础上对学生施行帮助，着眼于具体的学生，着眼于学生个体。

28. 在课堂教学的组织形式研究中，加涅和布里格斯把教学组织形式分成__________和个别化教学。

得 分	评卷人	复查人

四、名词解释题（本大题共 4 小题，每小题 3 分，共 12 分。）

29. 接受学习

30. 讲台效应

31. 创造性思维

32. 学习困难儿童

得 分	评卷人	复查人

五、简答题（本大题共5小题，每小题6分，共30分。）

33. 简述操作条件反射的主要规律。

34. 简述教师扮演的角色。

35. 简述动作技能形成的阶段。

36. 简述超常儿童的特点。

37. 简述师生相互作用或学习者之间相互作用的教学组织形式的优点。

得 分	评卷人	复查人

六、论述题（本大题共2小题，第38小题12分，第39小题13分，共25分。）

38. 试述认知、情感和心因动作的教学目标分类。

39. 怎样运用注意的规律教学？

四川省高等教育自学考试
教育心理学　模拟试卷（五）
参考答案

（课程代码　**02111**）

一、单项选择题

1. D　2. C　3. B　4. B　5. B　6. D　7. B　8. C　9. B
10. D　11. B　12. B　13. C　14. B　15. A

二、多项选择题

16. BCDE　17. ABDE　18. ABCD　19. ABDE　20. ABD

三、填空题

21. 遗传素质　22. 正式的学生群体　23. 强化物　24. 派生类属学习　25. 编码　26. 高原现象　27. 因材施教　28. 集体教学

四、名词解释题

29. 接受学习：是指全部内容以定论形式呈现，主要经过概念和命题同化形式来完成的学习。

30. 讲台效应：学校课堂上，台上教师和台下学生虽然处于同样的客观情境中，但其心理感受却各不相同。这种台上台下感受的不同可能被教师利用，并产生积极效应。它可以起一种组织课堂的作用，使学生的注意力集中在讲课者周围。

31. 创造性思维：是应用新的方案或程序，并创造了新的思维产品的思维活动。

32. 学习困难儿童：是指在理解或使用语文方面，显示基本心路历程失常的儿童。其失常现象可能包括知觉障碍、大脑受伤、轻微大脑功能失常、阅读困难、发展性失语症等。

五、简答题

33. （1）假如一个操作发生后，接着给予强化刺激，那么这一类反应今后发生的概率就会增加。

（2）由于行为效果的强化是使行为频率增加的根本原因，所以通过对有机体的有选择地强化，就可以使行为朝着所需要的方向发展。

34. 一个教师可能间断或同时扮演着以下角色：

（1）教员。

（2）学生模仿的榜样。

（3）课堂的管理者。

（4）办事员。

（5）团队活动领导者。

（6）公共关系人员。

（7）学者与学习者。

（8）社会心理工作者和临床心理学家。

（9）父母。

（10）权威人物。

35. （1）认知和定向阶段。

（2）初步掌握完整动作阶段。

（3）动作协调和完善阶段。

36. （1）接受能力强、记得牢。

（2）感知敏锐，辨别力强。

（3）思维能力强，有丰富的想象力。

（4）稳定的注意力和积极的探索精神。

（5）自信好胜，能坚持。

37. （1）它有利于师生之间、学习者之间的相互交流和相互影响。

（2）小组学习中，学习者通过交互活动可以培养决策、解决问题等在认知学习领域中属于较高层次的技能。

（3）小组交流有利于提高学习者组织和表达思想的能力。

（4）在小组活动期间，教师通过讨论可以了解教学程序各个阶段的成效，能从学习者方面获得改进教学的建议。

六、论述题

38.（1）认知的教学目标分类。

根据布鲁姆的分类法，认知教学目标有六项：知识、理解、应用、分析、统合、评审。

（2）情感的教学目标。

根据柯拉斯沃等的分类法，情感的教学目标有五个程序：接受、反应、评价、组织、价值的性格化。

（3）心因动作的教学目标。

根据齐卜勒等的分类法，心因动作的教学目标依发展的程序有四个步骤：整个身体的运动，协调细致的动作，非语言交流，言语行为。

39. 注意分无意注意和有意注意两种。引起和保持有意注意的主要原因和条件是：

（1）对学习的目的任务有明确的理解。

（2）能用坚强的意志与干扰做斗争。

（3）根据目的任务有计划地组织活动，使所进行的一切活动都能服从于当前的任务。

根据以上规律，教师应注意以下几点：

（1）使学生有明确的学习目的。

（2）要培养学生的自制力，也就是培养他们排除干扰、克服困难、坚持注意的能力，养成坚强的意志品质。

引起和保持无意注意的原因和条件是：

（1）客观刺激物的特点。

（2）学生本身的状态。

教师要充分利用上述规律，做到：

（1）教学内容要新颖有趣，难易适当。

（2）教学方法要直观形象、灵活多样。

（3）尽量避免那些分散学生注意力的因素，创造有利于集中学生注意力的情境。

（4）严格遵守作息制度，防止过度疲劳。

此外，教师还要交替使用有意注意和无意注意。

四川省高等教育自学考试
教育心理学　模拟试卷（六）

（课程代码　**02111**）

注意事项：

本试卷共 8 页，满分 100 分；考试时间 150 分钟。

总分		题号	一	二	三	四	五	六
核分人		题分	15	10	8	12	30	25
复查人		得分						

第Ⅰ部分　选择题（共 25 分）

得 分	评卷人	复查人

一、单项选择题（本大题共 15 小题，每小题 1 分，共 15 分）

在每小题列出的四个备选项中只有一个是符合题目要求的，请将其代码填写在题后的括号内。错选、多选或未选均无分。

1. 决定教师是否优秀的关键因素是（　　）

A. 教师在课堂上的教学行为　　B. 是否理解学生

C. 与学生的有效交际　　D. 理解自己

2. 下列属于非正式学生群体的是（　　）

A. 团队组织　　B. 学习小组

C. 学生宿舍的寝室　　D. 班级中的“团伙”

3. 对儿童心理发展起主导作用的是（　　）

A. 学校教育　　B. 家庭教育

C. 社会影响　　D. 个人倾向

4. 提出“掌握学习”理论的教育心理学家是（　　）

A. 布鲁姆　　B. 布鲁纳

C. 奥苏贝尔　　D. 加涅

5. 根据柯尔柏格的道德发展分期理论，儿童认识到社会秩序依赖于个人乐于去“尽本分”和尊重适当建立的权威属于（　　）

A. 后习俗阶段　　B. 习俗阶段

C. 前习俗阶段　　D. 超习俗阶段

6. 进一步发展了条件反射的理论，提出社会学习理论的是（　　）

A. 班杜拉　　B. 斯金纳

C. 桑代克　　D. 华生

7. 根据布鲁姆的教学目标分类理论，“非言语交流”属于哪个领域的教学目标（　　）

A. 情意　　B. 情感

C. 认知　　D. 心因动作

8. 已学的汉语拼音常干扰英语字母的读音，这在学习迁移中属于（　　）

A. 正迁移　　B. 负迁移

C. 水平迁移　　D. 垂直迁移

9. 动机性遗忘理论的提出者是（　　）

A. 皮亚杰　　B. 桑代克

C. 弗洛伊德　　D. 马斯洛

10. 观察力的一个最重要的品质，就是它具有明确的（　　）

A. 目的性　　B. 条理性

C. 敏锐性　　D. 精确性

11. 一个学生对另一个蛮横学生不满，但却在并无过错的弱小学生或朋友身上发泄不满。这种现象属于（　　）

A. 压抑　　B. 投射

C. 回归　　D. 移置

12. 在理解的四种不同水平的发展阶段中，最低层次的理解属于（　　）

A. 字面理解　　B. 解释的理解

C. 批判性理解　　D. 创造性理解

13. 过分焦虑、非常敏感、肌体紧张、行为古板、孤独、不善交往或心神不定等属于哪类儿童的心理行为特征（　　）

A. 学习困难儿童　　B. 禀赋优异儿童

C. 智能不足儿童　　D. 情绪困扰儿童

14. 教学设计是一个分析教学问题，设计解决方法，加以实施并由此进行评价和修改，直至获得解决问题的最优方法的过程。这个过程体现了教学设计工作的（　　）

A. 系统性　　B. 具体性

C. 灵活性　　D. 变通性

15. 有效测验的必要条件中，测量的前后一致性程度是（　　）

A. 区分度　　B. 信度

C. 效度　　D. 难度

得 分	评卷人	复查人

二、多项选择题（本大题共 5 小题，每小题 2 分，共 10 分。）

在每小题列出的五个备选项中至少有两个是符合题目要求的，请将其代码填写在题后的括号内。错选、多选、少选或未选均无分。

16. 师生相互作用的设计可分为（　　）

A. 讨论　　B. 个案研究

C. 角色扮演　　D. 模拟

E. 商量

17. 布鲁纳认为，学习所包含的过程是（　　）

A. 知识的转换　　B. 旧知识的整理

C. 新知识的获得　　D. 新知识的加工

E. 检查知识是否恰当和充实

18. 保持阶段影响有意义遗忘的因素有（　　）

A. 学习者的个性　　B. 学习速度的快慢

C. 新旧知识联结的方式　　D. 新旧知识联系的非人为性

E. 学习的稳定性和清晰性

19. 一般而言，学生的成就动机来源于（　　）

A. 家庭影响　　B. 与人对比
C. 学生自我提高的需要　　D. 学习过程派生的附属需要
E. 认知需要

20. 教师在学校活动或课堂教学过程中，常有意无意地陷入的误区有（　　）
A. 对学生言行的要求不当
B. 以大量繁琐的重复或无效的活动取代有效的学习
C. 过高估价奖励和惩罚的作用
D. 缺乏处理问题行为的技巧
E. 行之一贯，太讲原则

第Ⅱ部分　非选择题（75分）

得 分	评卷人	复查人

三、填空题（本大题共8小题，每小题1分，共8分。）

21. 詹森认为，__________是作为实现遗传因素的阈限值而起作用的一种因素。

22. __________是形成学生集体意识的直接源泉，是对学生进行道德教育的主要途径。

23. __________指一个原来中定的，可能并无强化作用的刺激通过与一个原级强化物的反复结合而变成的有强化价值的刺激。

24. 发现学习的__________是一个自我发现过程。

25. 从理论上分析，短时记忆向长时记忆转化的过程就是所谓“__________”的过程，它是通过复诵、编码和检索完成的。

26. 教学内容和教学过程要有__________是培养学生逻辑思维能力的前提。

27. 一般认为，智商__________为轻度智能不足或可教性智能不足。

28. 集体授课的组织形式中，教师通常采用__________。

得 分	评卷人	复查人

四、名词解释题（本大题共 4 小题，每小题 3 分，共 12 分。）

29. 迁移

30. 学习目标

31. 发散思维

32. 课堂心理气氛

得 分	评卷人	复查人

五、简答题（本大题共5小题，每小题6分，共30分。）

33. 简述布鲁纳认知发现学习理论的观点。

34. 简述我国教师角色的心理特征。

35. 简述动作技能的培养。

36. 简述超常儿童智力超常的主要条件。

37. 简述划分课的依据。

得分	评卷人	复查人

六、论述题（本大题共2小题，第38小题12分，第39小题，13分，共25分。）

38. 试述柯尔柏格的道德发展理论。

39. 要提高直观教学的效果，必须掌握和运用哪些感知的规律？

四川省高等教育自学考试
教育心理学 模拟试卷（六）
参考答案

（课程代码 **02111**）

一、单项选择题

1. A 2. D 3. A 4. A 5. B 6. A 7. D 8. B 9. C
10. A 11. D 12. A 13. D 14. A 15. B

二、多项选择题

16. ABCD 17. ACE 18. CDE 19. CDE 20. ABCD

三、填空题

21. 环境 22. 班集体 23. 继起强化物 24. 心理过程 25. 工作记忆
26. 逻辑性 27. 50~75 28. 讲授法

四、名词解释题

29. 迁移：是一种学习对另一种学习的影响。这种影响可以表现在知识的学习和技能的形成方面，也可以表现在学习方法和学习态度的相互影响方面。

30. 学习目标：也称行为目标，是对学习者通过教学以后能学到什么的一种明确的、具体的表述。

31. 发散思维：指人们沿着不同的方向思考，重组眼前的信息和记忆系统中存储的信息，产生出大量的、独特的新思想。

32. 课堂心理气氛：主要指课堂里某种占优势的态度与情感的综合表现。

五、简答题

33. 布鲁纳认知发现学习理论的观点可以概括如下：

（1）认为学习是一个主动的认知过程。

（2）对儿童心理发展实质的看法。

（3）重视学习过程。

（4）强调形成学习结构。

（5）强调直觉思维的重要性。

（6）强调内部动机的重要性。

（7）强调基础学科的早期学习。

（8）强调信息提取。

（9）提倡发现学习。

34. （1）热爱学生，期望学生健康成长。

（2）意志坚定，善于支配感情。

（3）学习兴趣浓厚，提高自己的愿望强烈。

（4）思维灵活，注意客观分析。

（5）观察敏锐，善于了解学生。

35. （1）明确练习目的和要求。

（2）依据技能的种类、难易选择不同的练习方法。

（3）有效地利用观察和表象。

（4）充分利用练习中反馈的强化作用。

36. （1）优越的生理素质为发展超常才能提供了可能的物质前提。

（2）优越的家庭环境和良好的早期教育条件是超常才能发展的决定因素。

（3）强烈的求知欲和学习韧性是超常儿童才能发展的主要因素，天才来自勤奋。

37. （1）教学对象的特点。

（2）学习目标之间的联系。

（3）两课之间的间隔时间。

（4）学习目标的平衡。

六、论述题

38. 柯尔柏格将道德发展分为三个阶段六个时期，每一阶段包含两个时期。六个时期依序发展，层次不得混乱或倒置。

（1）水平 A：前习俗阶段。

第一期，惩罚与服从的定向。

第二期，操作与关系倾向。

（2）水平 B：习俗阶段。

第三期，人际关系与补同的定向。

第四期，权威和社会权力控制的定向。

（3）水平 C：后习俗阶段。

第五期，社会契约方法定向。

第六期，普遍的道德原则倾向。

39. （1）目的任务越明确，感知越清晰。

（2）对象在背景中越突出，则对象越容易被感知。

（3）直观形象与语言指导相结合，则感知更精确、全面。

（4）知识经验越丰富，感知就越完善、迅速。

（5）对感知对象的态度越积极，则感知越深刻。

（6）多种分析器协同活动，也可以提高感知的效果。

四川省高等教育自学考试
教育心理学　模拟试卷（七）

（课程代码　**02111**）

注意事项：

本试卷共8页，满分100分；考试时间150分钟。

总分		题号	一	二	三	四	五	六
核分人		题分	15	10	8	12	30	25
复查人		得分						

第Ⅰ部分　选择题（共25分）

得 分	评卷人	复查人

一、单项选择题（本大题共15小题，每小题1分，共15分）

在每小题列出的四个备选项中只有一个是符合题目要求的，请将其代码填写在题后的括号内。错选、多选或未选均无分。

1. 皮亚杰认为人从他过去的生物方面继承了两种基本的行为倾向，促使过程系统化和组成连贯系统的倾向被称为（　　）

A. 组织　　B. 同化

C. 适应　　D. 顺化

2. 一个争强好胜的学生和另一个个性软弱的学生在一起很可能感到更自在。这在非正式学生群体形成的主要影响因素中属于（　　）

A. 空间因素　　B. 类似性因素

C. 需要的互补性　　D. 仪表

3. 以人为中心的发展是教育的（　　）

A. 次要目标　　B. 首要目标

C. 中心目标　　D. 最终目标

4. 在学校教育过程中直接观察被试者某种心理活动的客观表现，从而对它进行了解的方法是（　　）

A. 观察法　　B. 调查法

C. 临床个案法　　D. 自然实验法

5. “学习是人类倾向或才能的一种变化。这种变化要持续一段时间，而且，不能把这种变化简单地归之于成长的过程。”这是下列哪位学者的观点（　　）

A. 潘菽　　B. 加涅

C. 邵瑞珍　　D. 希尔加德

6. 教学中采用的各种物质奖励属于下列哪种强化（　　）

A. 原级强化　　B. 自我强化

C. 替代强化　　D. 次级强化

7. “学生学会点头敬礼，学会课堂常规”属于加涅学习分类中的（　　）

A. 信号学习　　B. 刺激反应联结学习

C. 连锁　　D. 言语联想学习

8. 下列迁移中，难易不同的两种学习之间的相互影响是（　　）

A. 水平迁移　　B. 垂直迁移

C. 顺向迁移　　D. 逆向迁移

9. 知识的巩固是指对所学知识的（　　）

A. 持久保持　　B. 再次学习

C. 短暂保持　　D. 过度学习

10. 动机性遗忘的极端表现称之为（　　）

A. 害思性健忘症　　B. 间歇性健忘症

C. 感觉性健忘症　　D. 连续性健忘症

11. 马斯洛的需要层次理论认为，人的最高层次的需要是（　　）

A. 尊重的需要　　B. 归属的需要

C. 生存的需要　　D. 自我实现的需要

12. 会使学生经常处于过度紧张状态，如考试中的怯场现象的焦虑属于（　　）

A. 低度焦虑　　B. 正常焦虑

C. 中度焦虑　　D. 高度焦虑

13. 研究认知风格最著名的心理学家是（　　）

A. 西蒙　　B. 威特金

C. 苛勒　　D. 卡根

14. PSI 系统是由下列哪位心理学家开发的（　　）

A. 荣格　　B. 凯勒

C. 马斯洛　　D. 柯尔柏格

15. 在有效测验的必要条件中，测验题目对考生水平鉴别能力的指标是（　　）

A. 信度　　B. 难度

C. 效度　　D. 区分度

得 分	评卷人	复查人

二、多项选择题（本大题共 5 小题，每小题 2 分，共 10 分。）

在每小题列出的五个备选项中至少有两个是符合题目要求的，请将其代码填写在题后的括号内。错选、多选、少选或未选均无分。

16. 根据学习中所要认识的联系和关系的不同，可以把理解分为（　　）

A. 对言语的理解　　B. 对事物意义的理解

C. 对事物类属的理解　　D. 对因果关系的理解

E. 对逻辑关系的理解

17. 奥苏贝尔根据学习任务的复杂程度，将有意义学习分为（　　）

A. 命题学习　　B. 概念学习

C. 上位学习　　D. 下位学习

E. 代表性学习

18. 根据布鲁纳的教育目标观，学校教育的目标有（　　）

A. 发展学生们运用“思想”解答问题的信心

B. 培养学生的自我推进力，引导学生独立运用各种题材

C. 培养“经济地使用思想”

D. 发展理智上的忠诚

E. 鼓励学生发现自己的猜测的价值和改进的可能性

19. 与评定行为有关的测试一般可分为（　　）

A. 插入测试　　B. 自我检索

C. 后测　　D. 前测

E. 专家测试

20. 直观教学的类型有（　　）

A. 实物直观　　B. 模像直观

C. 语言直观　　D. 动作直观

E. 电化教具直观

第Ⅱ部分　非选择题（75 分）

得 分	评卷人	复查人

三、填空题（本大题共 8 小题，每小题，1 分，共 8 分。）

21. 艾里克森关于人的发展理论，是以__________的原理为基础的。

22. 班集体有了核心人物，开始协助班主任开展各项工作是班集体形成的__________阶段。

23. 在一定程度上，教学成败关键在于强化的质量，也就是__________。

24. 加涅认为，课堂教学应以__________为中心，而不是以言语信息或认知策略为中心。

25. 一般而言，__________对下位学习中的派生类属学习有利。

26. 影响个人态度形成的内部因素主要是先天素质和__________。

27. __________的最大缺点是学生（包括家长和教师）可能过分偏重知识学习而忽视其他方面的发展。

28. 在师生相互作用的设计中，__________是真实生活情境的抽象表现，要求学习者解决复杂的问题。

得 分	评卷人	复查人

四、名词解释题（本大题共 4 小题，每小题 3 分，共 12 分。）

29. 过度学习

30. 发展

31. 压抑

32. 教学设计

得 分	评卷人	复查人

五、简答题（本大题共5小题，每小题6分，共30分。）

33. 简述使用发现学习理论应具备的条件。

34. 简述合格教师的心理品质。

35. 简述智力技能形成的标志。

36. 简述可教性智能不足学生的教学目标。

37. 简述论文式测验的优点。

得 分	评卷人	复查人

六、论述题（本大题共 2 小题，第 36 小题 12 分，第 39 小题 13 分，共 25 分。）

38. 试述有意义接受学习理论的教学实践意义。

39. 如何培养学生的观察力？

四川省高等教育自学考试
教育心理学　模拟试卷（七）
参考答案

（课程代码　**02111**）

一、单项选择题

1. A　2. C　3. D　4. A　5. B　6. A　7. B　8. B　9. A
10. A　11. D　12. D　13. B　14. B　15. D

二、多项选择题

16. ABCDE　17. ABE　18. ABCDE　19. ABC　20. ABC

三、填空题

21. 精神分析　22. 形核　23. 相对强化量　24. 智慧技能　25. 有意义遗忘　26. 个人能动性　27. 跳级就读　28. 模拟

四、名词解释题

29. 过度学习：指在达到最低限度领会以后，或者在达到勉强可以回忆的程度以后，对某一课题继续进行学习。

30. 发展：是随着生理年龄的推移，作为经验和内部相互作用的结果而在个体的整个体系内产生的机能构造上的变化过程。

31. 压抑：是当学生没有思想准备而突然经历到痛苦的、不愉快的和产生焦虑的情境后，倾向于忘却这些情境以求得心情舒畅，维持心理平衡的一种心理现象。

32. 教学设计：或称教学系统设计，是一种实施教学系统方法的具体的、可操作的程序。

五、简答题

33. 一般而言，使用发现学习理论应具备以下条件：

（1）学生方面，要求学生有相当知识与经验的储备，能够进行选择性思维，具有发现的动机和态度。

（2）教师方面，要求教师具有较高的知识和教学指导水平。

（3）教材方面，必须把原发现过程改编成适合于学生在课堂上再发现的过程。

34. 合格教师的心理品质：

（1）忠诚教育事业，稳定的专业气质。

（2）稳定的情绪，良好的师生和同事关系。

（3）要有耐心和信心。

（4）乐观、活泼的性格。

（5）公正不自私。

35.（1）智力活动的各个环节逐渐联合成一个有机的整体。

（2）思维活动表现出敏捷性、灵活性、深刻性和广阔性等特点。

（3）内部言语的进行需要意志的努力较少。

36.（1）习得社交技能。

（2）习得赖以谋生的职业技能。

（3）学会独立、安逸的情绪反应。

（4）形成清洁卫生和保健习惯。

（5）学习基本课程，掌握读、写、算等基本技能，以掌握必要的工具。

（6）学会正当娱乐，以利用闲暇。

（7）学习适应家庭生活，以扮演适当的家庭角色。

（8）形成起码的集体活动能力。

37.（1）命题省时容易。

（2）有利于测定学生的思维能力和写作能力。

（3）了解学生的学习程度。

（4）减少学生情境压力。

六、论述题

38.（1）由于阐明了课堂情境中学习的实质、条件、过程、原则、影响因素及策略，使其不但可以作为实用的科学的教学原理基础和教学方法的基础，而且有利于教师掌握运用，有利于教材组织。

（2）由于对传统的讲授手段和现代发现学习方法进行了精辟的分析，能较令人信服地稳妥地解决传统到现代教学方式的过渡问题，使教改不产生混乱而取得实质性进展。

（3）区别了机械学习、有意义学习、接受学习和发现学习的实质，尤其有利于克服我国当前学校教学中由于对理论理解错误而造成的混乱，比较适合我国国情。

（4）直接给教师以理论和方法，便于教师自己进行教育心理的研究。

39.（1）必须提出明确而具体的目的、任务。

（2）在观察前要做好有关知识的充分准备，并订出周密的计划。

（3）有计划有系统地训练学生的观察技能和方法。

（4）启发学生观察的主动性，养成勤于观察的好习惯。

（5）利用一切机会，让学生参加多种实践活动。

（6）指导学生做好观察的记录，对观察的结果进行整理和总结。

四川省高等教育自学考试
教育心理学　模拟试卷（八）

（课程代码　02111）

注意事项：

本试卷共8页，满分100分；考试时间150分钟。

总分		题号	一	二	三	四	五	六
核分人		题分	15	10	8	12	30	25
复查人		得分						

第Ⅰ部分　选择题（共25分）

得分	评卷人	复查人

一、单项选择题（本大题共15小题，每小题1分，共15分）

在每小题列出的四个备选项中只有一个是符合题目要求的，请将其代码填写在题后的括号内。错选、多选或未选均无分。

1. 下列哪种类型的非正式群体的活动往往影响学与教活动的正常开展，但并未超出法律允许的范围（　　）

A. 中间型　　B. 消极型

C. 破坏型　　D. 正面型

2. 通过有关材料，间接了解被试者的心理活动的方法是（　　）

A. 自然实验法　　B. 调查法

C. 实验室实验法　　D. 观察法

3. 下列关于学生学习的特点中，不正确的是（　　）

A. 直接性学习为主，间接性学习为辅

B. 有效性

C. 年龄差异性

D. 组织计划性

4. 从课堂中学和教的角度来看，教学应包括“三重四面”，这是下列哪位人物的观点（　　）

A. 珍妮特·沃斯　　B. 布鲁姆

C. 布鲁纳　　D. 泰勒

5. 在认知变化的过程中，顺化说明发展，是一种（　　）

A. 质的变化　　B. 量的变化

C. 功能的变化　　D. 大小的变化

6. “杀鸡儆猴”是对下列哪种强化的形象概括（　　）

A. 自我强化　　B. 原级强化

C. 替代强化　　D. 次级强化

7. 心理活动对一定事物的指向和集中被称为（　　）

A. 注意　　B. 情感

C. 情绪　　D. 意志

8. 垂直迁移和水平迁移分类的最初提出者是（　　）

A. 加涅　　B. 布鲁纳

C. 斯金纳　　D. 华生

9. 把短时记忆的信息改变成为容易加工和接受的形式的过程是（　　）

A. 检索　　B. 复述

C. 编码　　D. 复诵

10. 根据加涅的学习结果分类理论，“学生闻老师呵斥而畏惧，见试卷获满分而欣慰”属于（　　）

A. 信号学习　　B. 连锁

C. 言语联想学习　　D. 刺激反应联结学习

11. 电钮、射箭、发扑克牌等技能属于（　　）

A. 非连续性动作技能　　B. 连续性动作技能

C. 操纵工具的动作技能　　D. 不操纵工具的动作技能

12. 一般来说，认知风格中对依存性者更感兴趣的学科是（　　）

A. 文学　　B. 数学

C. 物理　　D. 化学

13. 对自己的外在和内在的自我评估或衡量被称为（　　）

A. 自我意识　　B. 自我教育

C. 自我发展　　D. 客观评价

14. 围绕某学科内容中的一个课题或单元的教学而设计的学习包是（　　）

A. 多媒体学习包　　B. 导听教学

C. 自学课件　　D. 录音练习册

15. 首先提出智力年龄这一概念的是（　　）

A. 比奈　　B. 艾宾浩斯

C. 韦克斯勒　　D. 卡姆雷

得 分	评卷人	复查人

二、多项选择题（本大题共 5 小题，每小题 2 分，共 10 分。）

在每小题列出的五个备选项中至少有两个是符合题目要求的，请将其代码填写在题后的括号内。错选、多选、少选或未选均无分。

16. 下列选项中，属于学习测量和评定的功能的有（　　）

A. 诊断功能　　B. 管理功能

C. 教育心理功能　　D. 导向功能

E. 反馈与鞭策功能

17. 奥苏贝尔认为同化模式有（　　）

A. 上位学习　　B. 并列结合学习

C. 下位学习　　D. 命题学习

E. 代表性学习

18. 知识巩固的途径包括（　　）

A. 提倡在理解的基础上记忆　　B. 使用简单重复感知的方法

C. 提高学习的自觉性　　D. 合理地组织复习

E. 动用记忆规律，使用合理的记忆方法

19. 在直观教学中，要使对象从背景中突出，必须遵循的三个规律是（　　）

A. 差异律　　B. 练习律

C. 准备律　　D. 活动律

E. 组合律

20. 教育目标的心理功能包括（　　）

A. 启动功能　　B. 导向功能

C. 激励功能　　D. 评价功能

E. 聚合功能

第Ⅱ部分　非选择题（75 分）

得 分	评卷人	复查人

三、填空题（本大题共 8 小题，每小题 7 分，共 8 分。）

21. 只有教育心理学把__________作为自己学科的理论内核。

22. 一般而言，关于管教与课堂纪律方面的师资训练，多以__________为主。

23. 两种最基本的学习模式是经典条件反射与__________。

24. 自认为是在精神分析学派和行为主义学派之外的“第三种力量”的是__________。

25. 由下到上的知识组织形式叫逐渐分化，各种观念之间的联结叫__________。

26. 态度和行为方式形成的重要途径是__________。

27. __________儿童是指经常为莫名其妙的紧张与焦虑所困扰的儿童。

28. 教学过程中的测量是用__________的方式对学生学习行为的描述。

得 分	评卷人	复查人

四、名词解释题（本大题共 4 小题，每小题 3 分，共 12 分。）

29. 记忆术

30. 头—尾梯度

31. 回归

32. 测验

得 分	评卷人	复查人

五、简答题（本大题共5小题，每小题6分，共30分。）

33. 简述有意义学习的条件。

34. 建立良好师生关系的心理学原则是什么？

35. 如何培养学生的智力技能？

36. 简述可教性智能不足学生的教学原则。

37. 简述决定组块大小的因素。

得 分	评卷人	复查人

六、论述题（本大题共 2 小题，第 38 小题 12 分，第 39 小题 13 分，共 25 分。）

38. 如何促进学习迁移？

39. 试述学习困难儿童的特点与教育。

四川省高等教育自学考试
教育心理学　模拟试卷（八）
参考答案

（课程代码　**02111**）

一、单项选择题

1. B　2. B　3. A　4. A　5. A　6. C　7. A　8. A　9. C
10. A　11. A　12. A　13. A　14. C　15. A

二、多项选择题

16. ABCE　17. ABC　18. ACDE　19. ADE　20. ABCE

三、填空题

21. 学习理论　22. 抽象的原则性理论教学　23. 操作条件反射　24. 人本主义心理学派　25. 综合贯通　26. 隐蔽课程　27. 情绪困扰　28. 数学

四、名词解释题

29. 记忆术：是通过表象化、结构化和组块化的方法来提高记忆能力的特殊方法。

30. 头—尾梯度：发展的进行有若干基本的方向。尤其是身体运动的发展方向，具有同神经成熟的方向相一致的梯度。从控制靠近头部的运动向着控制更远的脚部，这一进展的方向称作头—尾梯度。

31. 回归：是指当学生被自己所不能处理的情感压倒时，所表现出的忽然回到原来发展水平，从而感到心情舒畅而不受这种情感的干扰。

32. 测验：是通过一系列的科学程序对学生某一方面的学习行为进行测量。

五、简答题

33. （1）学习材料必须具备逻辑意义。

（2）学习者认知结构中必须具备适当的知识基础。

（3）学习者必须具有有意义学习的心向。

34. （1）不要把教师的需要解释为学生的需要，不要把教师的焦虑和不良情绪转移给学生，防止对学生的偏见。

（2）创造安全而温暖的课堂气氛。

（3）正常的师生关系要有分寸，应以公认的渠道为限。

35. （1）培养学生认真思考的习惯和独立思考的能力。

（2）掌握解答各类课题的程序，形成一定的认知结构。

（3）使智力技能的应用有广泛的机会，培养学生技能迁移的能力。

36. （1）不能再使学生遭受失败。

（2）尽量即时强化。

（3）规定能完成的任务。

（4）系统地揭示教材。

（5）小步子教学，必要时采用过度学习。

（6）注意提供个别指导。

37. （1）学习者的年龄。对幼小儿童，应使组块保持在相当小的范围内。成人学习者就能对付较大的信息组块。

（2）学习者的准备知识。对基础很差的学习者，组块不宜过大，对基础好的学习者组块不宜过小。

（3）学习的类型。不同的学习类型，其组块大小不同。规则学习的组块显然较具体概念学习的组块为大。

六、论述题

38. （1）合理地安排课程与组织教材。在考虑课程安排和教材组织时，首先应突出重点，以若干能够基本起到组织作用的材料为核心。其次，为了增强中小学生的学习兴趣和便于理解，在编写教材或组织呈现教学内容时，应尽量以浅近的文字或符合强调材料或方法的要点。再次，还应尽量将内容和要求相似的教学单元按由易到难、由简到繁排列。

（2）提高概括水平，强调理解。已有知识经验的概括水平越高，就越能揭示没有认识过的某些同类新事物的实质，并把新事物纳入到已有的知识经验系统中去，因而也越能顺利迁移。从促使学生迁移的角度看，理解与熟练所学习的内容同等重要。一般说来，教学应首先重视理解，然后不断地复习以期熟练。

（3）课内和课外练习配合，提供应用机会。课外活动应尽量与课内学习相配合，课内学习要有充分应用于课外的机会。课外活动的安排应配合课内的学习，使课外活动能从课内学习中获得助长。同样课内的学习应有充分应用与练习的机会。适量与适度的家庭作业与课外作业，可使学生有练习与应用的机会。

（4）提供学习方法的指导。教学不仅要重视内容，而且应讲求如何学习教材。学生学会如何学习后，便能层层而上，不断进步。在提供学习方法指导方面，首先应帮助学生克服功能固着现象，即误认某些事物仅有若干有限的用途，教师应审慎地培养各种学生的各种学习习惯，不可朝令夕改，使学生无所适从。要指导学生在学习中使用比较的方法。这样可以帮助学生全面、精确、深刻地分析不同课题的异同点，可以充分发挥已有学习的积极作用，避免它对新学习的干扰。

（5）培养良好的心理准备状态，教学中既要注意到定势的积极作用，帮助学生迅速掌握一类课题的方法，又要培养学生积极开动脑筋，养成对问题进行认真分析，根据问题的特点采取具体解决方法的习惯，防止思维定式和干扰。

39. 学习困难的儿童，是指在理解或使用语文方面，显示基本心路历程失常的儿童。其失常现象可能包括知觉障碍、大脑受伤、轻微大脑功能失常、阅读困难、发展性失语症等。学习困难儿童通常显示下列行为特征的一项或数项：

（1）不能就席端坐。表现为过分爱动。

（2）端坐不动。表现为过分不动。

（3）显现其他症候。有些学生常有错误动作或动作不协调，有的学生陷于不随意的动作重复，有的学生情绪不稳定、记忆错误、易于分心或为知觉欠佳等而苦恼。

学习困难儿童的教学措施：

学习困难儿童的教学仍以个别处理为主，同时也在不断地进行新的教学法的实验探索。最常用的方法是行为修正法。

四川省高等教育自学考试
教育心理学　模拟试卷（九）

（课程代码　**02111**）

注意事项：

本试卷共 8 页，满分 100 分；考试时间 150 分钟。

总分		题号	一	二	三	四	五
核分人		题分	20	15	15	30	20
复查人		得分					

第Ⅰ部分　选择题（共 20 分）

得 分	评卷人	复查人

一、单项选择题（本大题共 20 小题，每小题 1 分，共 20 分）

在每小题列出的四个备选项中只有一个是符合题目要求的，请将其代码填写在题后的括号内。错选、多选或未选均无分。

1. 学生对知识的理解可以由低到高分为四种水平，其中最低水平是（　　）

A. 批判性理解　　B. 字面理解

C. 创造性理解　　D. 解释的理解

2. 智力技能形成的最高阶段是（　　）

A. 内部言语　　B. 有声的外部言语

C. 无声的外部言语　　D. 活动定向

3. 在技能形成过程中，出现进步的暂时停顿现象，这叫作（　　）

A. 倒退现象　　B. 抑制现象

C. 顶峰现象　　D. 高原现象

4. 问题解决的第一个阶段是（　　）

A. 分析问题　　B. 提出假设

C. 发现问题　　D. 检验假设

5. 与创造性思维关系最密切的是（　　）

A. 发散思维　　B. 形象思维

C. 逻辑思维　　D. 动作思维

6. 一个人幻想成为另一个人，而这个人通常在他的心理上占有重要地位。这种心理现象叫（　　）

A. 认同　　B. 移植

C. 投射　　D. 回归

7. 马斯洛的需要层次理论认为，人的最低层次的需要是（　　）

A. 生存需要　　B. 归属需要

C. 尊重需要　　D. 自我实现的需要

8. 一般来说，认知风格中场独立性者更感兴趣的学科是（　　）

A. 文学　　B. 数学

C. 历史　　D. 法律

9. 研究认知风格最著名的心理学家是（　　）

A. 西蒙　　B. 威特金

C. 苛勒　　D. 卡根

10. 与求异思维关系最为密切的是（　　）

A. 形象思维　　B. 聚合思维

C. 发散思维　　D. 抽象思维

11. 一般认为，教育心理学成为独立学科，始于美国教育心理学家桑代克著《教育心理学》，时间是（　　）

A. 1879 年　　B. 1903 年

C. 1913 年　　D. 1923 年

12. 皮亚杰认为，7 至 11 岁的儿童认知发展处于（　　）

A. 思维准备阶段　　B. 思维阶段

C. 感觉运动阶段　　D. 抽象思维阶段

13. 学校教育心理学中最重要、最核心的理论是（　　）

A. 智力理论　　B. 动机理论

C. 学习理论　　D. 认知理论

14. 提出掌握学习的理论的人是（　　）

A. 华生　　B. 布鲁纳

C. 布鲁姆　　D. 班杜拉

15. 垂直迁移和水平迁移分类的最初提出者是（　　）

A. 加涅　　B. 华生

C. 布鲁纳　　D. 斯金纳

16. 迁移的形式训练说的心理学基础是（　　）

A. 人本主义　　B. 官能心理学

C. 行为主义　　D. 认知心理学

17. 学生对知识的理解可以由低到高分为四种水平，其中最高水平是（　　）

A. 解释的理解　　B. 字面理解

C. 批判性理解　　D. 创造性理解

18. 加涅关于学习的八种阶梯类型中，最高层次的学习是（　　）

A. 刺激反应联结　　B. 信号

C. 概念学习　　D. 问题解决

19. 问题解决的最后一个阶段是（　　）

A. 分析问题　　B. 提出假设

C. 发现问题　　D. 检验假设

20. 一个人把自己的思想、感情或信念归诸别人或客体的心理现象，叫（　　）

A. 认同　　B. 移植

C. 投射　　D. 回归

第Ⅱ部分　非选择题（80分）

得 分	评卷人	复查人

二、填空题（本大题共15空，每空1分，共15分。）

请在每小题的空格中填上正确的答案。错填、不填均无分。

21. 一个学习过程或学习事件的构成要素是__________、__________和__________。

22. 一个优秀的学生班集体的形成，一般要经过如下过程：__________、__________、__________和__________。

23. 根据迁移发生的前后方向，可以把迁移分为__________和__________。

24. 有意义学习的组织者可以分为__________和__________两种类型。

25. 心理学家杰罗姆·卡根认为，学生的知觉和思维方式主要有__________和__________两种类型。

26. 学习动机强弱的标志是__________和__________。

得 分	评卷人	复查人

三、名词解释题（本大题共5小题，每小题3分，共15分。）

27. 认知结构

28. 迁移

29. 创造性思维

30. 学习动机

31. 上位学习

得 分	评卷人	复查人

四、简答题（本大题共5小题，每小题6分，共30分。）

32. 简述布鲁姆关于认知领域的教学目标的分类标准。

33. 简述教学目标的选择标准。

34. 应该如何理解学习现象？

35. 简述布鲁纳对发现学习条件的认识。

36. 简述奥苏贝尔对有意义学习条件的认识。

得 分	评卷人	复查人

五、论述题（本大题共 2 小题，每小题 10 分，共 20 分。）

37. 如何培养学生问题解决的能力？

38. 在教学中如何促进学习的迁移?

四川省高等教育自学考试
教育心理学　模拟试卷（九）
参考答案

（课程代码　**02111**）

一、单项选择题

1. B　2. A　3. D　4. C　5. A　6. A　7. A　8. B　9. B
10. C　11. B　12. B　13. C　14. C　15. A　16. B　17. D　18. D
19. D　20. C

二、填空题

21. 学习者　刺激情境　反应
22. 组建阶段　形核阶段　形成阶段　发展阶段
23. 顺向迁移　逆向迁移
24. 陈述性组织者　比较性组织者
25. 冲动型　反省型
26. 活动水平　指向性

三、名词解释题

27. 认知结构：一般而论，认知结构就是指头脑里的知识结构。准确地分析，认知结构有广义和狭义之分。广义的认知结构指某一学习者的观念的全部内容和组织；狭义的认知结构指学习者在某一特殊知识领域内的观念的内容和组织。

28. 迁移：由桑代克提出，指一种学习对另一种学习的影响。这种影响可以表现在知识的学习和技能的形成方面，也表现在学习方法和学习态度的相互影响方面。

29. 创造性思维：是应用新的方案或程序，并创造了新的思维产品的思维活动。创造性思维是人类思维的高级过程，其特征是思维过程及其产品的新颖性和独创性。创造性思维是在实践活动中产生和发展的，同时又指导具体的创造活动。

30. 学习动机：是激励学生进行学习活动的心理因素。它是直接推动学生进行学习的一种内部动力，是学习行为的激活和唤起。

31. 上位学习：当所学的新知识相对于原有认知结构为上位关系时，新知识就要由原有认知结构组织起来，原有认知结构就成为进行归纳推理的一整套观念。也就是说，当认知结构已经形成了几个观念，现在要在这几个原有观念的基础上学习一个包含程度更高的命题时，便产生上位学习。

四、简答题

32. （1）知识。包括特殊与一般知识、处理知识的方法与手段等。

（2）理解。包括翻译、解释与推论所提示的教材。

（3）应用。包括原理、法则、理论、概念与历程等的应用。

（4）分析。包括要素、关系与组织原则的分析。

（5）统合。包括独特的信息沟通、操作计划与抽象并系的产生。

（6）评价。包括以内在证据与外在标准而判断的知能。

33. （1）价值性标准。

（2）可能性标准。

（3）低耗性标准。

（4）丰富性标准。

（5）就高性标准。

34. （1）凡是学习一定要有变化的发生。

（2）学习所导致的变化应是相对持久的。

（3）学习导致的变化不是由成熟或先天的反应倾向所致，学习导致的变化要与成长或成熟导致的变化分开。

（4）学习导致的变化本身并不具备价值意义，学习不等于进步。

（5）学习是行为变化的过程，而非仅指学习后所表现出来的结果。

35. 发现学习在什么情况下使用，怎样使用才能取得好的效果，要取决于学习过程中的许多因素。

也就是说，不在其本身的优劣，而取决于条件。一般而言，使用发现学习应具备以下条件：

（1）学生方面，要求学生有适当的知识与经验的储备，能够进行选择性思维，具有发现的动机和态度。

（2）教师方面，要求教师具有较高的知识和教学指导水平。

（3）教材方面，必须把原发现过程改编，使之适合于学生在课堂上再发现的过程。

36.（1）学习材料必须具备逻辑意义。

（2）学习者认知结构中必须具备适当的知识基础。

（3）学习者必须具有有意义学习的心向。

五、论述题

37.（1）培养学生主动解决问题的内在动机。

在教学中，教师指导学生解决问题的主要目的之一，是培养学生发现问题并解决问题的主动性。这种主动性是学生解决问题的前提。

（2）问题的难易应适合学生的学习能力。

要求或提供学生解决的问题不应超越学生的学习能力。教师应照顾学生的个别差异，辅之以个别指导，才能较好地培养学生的学习能力。

（3）指导学生理解和分析问题，创设必要的问题情境。

教师应该创设一定的问题情境，并指导与帮助学生理解和分析问题，进而形成习惯与能力。

（4）提供较充裕的时间和适当的自由。

学生在时间匆促的压力下，很难进行透彻的思维，结果只好草率作答。教师允许学生在解决问题方面有适当的自由，将有助于学生解决问题能力的培养。

（5）鼓励学生验证答案，提供解决问题的机会。

可以让学生在解决问题后，陈述问题的性质、使用的有关原理原则及解答问题的过程；也可帮助学生总结解决问题的经验和策略，以用于今后解决类似问题；还可以组织专门的评讲，或让学生通过一定的验证方式分析和验证答案。此外，应尽可能提供解决各类问题的机会，让学生在实践中发展解决问题的能力。

38. 只要遵循学习迁移的规律，在教育教学工作中创造一定的条件，控制和调整有关影响因素，就能够促使正迁移产生，预防负迁移出现。

（1）合理地安排课程与组织教材。

首先，应突出重点，以若干能够基本起到组织作用的材料为核心。

其次，为了增强中小学生的学习兴趣和便于理解，在编写教材或组织呈现教学内容时，应尽量以浅显的文字或符号强调教材或方法的要点。

再次，还应尽量将内容和要求相似的教学单元按由易到难、由简到繁的顺序排列。

（2）提高概括水平，强调理解。

提高概括水平对促进迁移，避免干扰极为重要。已有知识经验的概括水平越高，就越能揭示没有认识过的某些同类新事物的实质，并把新事物纳入已有的知识经验系统中去，因而也越能顺利迁移。

从促使学生迁移的角度看，理解与熟练所学习的内容同等重要。一般说来，教学应首先重视理解，然后不断地复习以期熟练。根据强调理解的原则，学习迁移的加强便应考虑教材的难度与学生的兴趣、年龄与认识及智力发展的程度。

（3）课内和课外练习配合，提供应用机会。

课外活动的安排，不论其为教学性的或娱乐性的，都应配合课内的学习，使课外活动能从课内学习获得助长。同样课内的学习应有充分应用与练习的机会。

（4）提供学习方法的指导。

在提供学习方法指导方面，首先应帮助学生克服功能固着现象，即误认某些事物仅有若干有限的用途。

对于年幼或易于冲动、不肯细查的学生，还应指导他们正确地分析和概括问题，防止以偏概全。教师应审慎地培养各种学生的各种学习习惯，不可朝令夕改，使学生无所适从。要指导学生在学习中使用比较的方法。

（5）培养良好的心理准备状态。

心理准备状态首先表现在信心、紧张程度、斗志等方面。培养学生学习时集中的注意力、细致的观察力、敏锐的思维力、克服困难的毅力、愉快的学习情绪、端正的学习态度、广泛的学习兴趣等优良心理品质和能力，都有利于迁移。其次表现在应用知识经验方面的心理准备状态，它可以促进迁移，也可以产生干扰，这种心理准备状态就是定势。教学中既要注意到定势的积极作用，帮助学生迅速掌握一类课题的方法，又要培养学生积极开动脑筋，养成对问题进行认真分析，根据问题的特点采取具体解决方法的习惯，防止思维定式和干扰。

四川省高等教育自学考试
教育心理学　模拟试卷（十）

（课程代码　**02111**）

注意事项：

本试卷共8页，满分100分；考试时间150分钟。

总分		题号	一	二	三	四	五	六
核分人		题分	15	10	8	12	30	25
复查人		得分						

第Ⅰ部分　选择题（共25分）

得 分	评卷人	复查人

一、单项选择题（本大题共15小题，每小题1分，共15分）

在每小题列出的四个备选项中只有一个是符合题目要求的，请将其代码填写在题后的括号内。错选、多选或未选均无分。

1. 一般认为，教育心理学成为独立学科是以1903年《教育心理学》的出版为标志，其作者是（　　）

A. 华生　　B. 桑代克

C. 布鲁姆　　D. 詹姆士

2. 研究发现，教师期望效应的大小要受学生年龄的影响，一般而言，更易受到期望效应影响的是（　　）

A. 年龄较大的学生　　B. 年龄较小的学生

C. 中等年龄的学生　　D. 年龄上无明显差异

3. 在中小学，非正式群体的规模一般是（　　）

A. 10~15 人　　B. 男女生混合群体

C. 男生群体较女生大　　D. 女生群体较男生大

4. 根据齐卜勒等的分类法，心因动作的教学目的依发展的程序有四个步骤，即整个身体的运动、协调细致的动作、非言语交流和（　　）

A. 应用　　B. 统合

C. 价值的性格化　　D. 言语行为

5. 按照皮亚杰的认知发展分期的理论，2 岁至 7 岁儿童处于（　　）

A. 感觉运动阶段　　B. 思维准备阶段

C. 思维阶段　　D. 抽象思维阶段

6. 学习是动物和人类生活中普遍存在的现象。学习是（　　）

A. 奖惩的结果　　B. 接受讲述

C. 获得事实材料　　D. 有机体适应环境的必要条件

7. 学生学习不具有的特点是（　　）

A. 间接性　　B. 组织计划性

C. 有效性　　D. 社会性

8. 德国心理学家艾宾浩斯首先对遗忘进行了研究，并提出了遗忘的规律，他认为遗忘是（　　）

A. 均衡的　　B. 先慢后快

C. 先快后慢　　D. 没有一定规律的

9. 奥苏贝尔提出了三个主要影响迁移与保持的认知结构变量指标，下列指标中不属于的是（　　）

A. 可利用性　　B. 可辨别性

C. 稳定性和清晰性　　D. 目的性和合理性

10. 多方面呈现各种直观材料或事例的形式，以便突出事物的本质特征的方法是（　　）

A. 变式　　B. 定势

C. 具体化　　D. 系统化

11. 技能是通过练习逐步形成的，动作技能的形成大体要经过比较明显的三个阶段，其第二个阶段是（　　）

A. 练习阶段　　B. 认知和定向阶段

C. 初步掌握完整动作阶段　　D. 动作协调和完善阶段

12. 在学习过程中直接推动学生学习的内部原因是（　　）

A. 学习目的　　B. 学习动机

C. 学习态度　　D. 学习兴趣

13. 研究表明，对小学低年级学生，故意表扬组比错误矫正组成绩要好；而对中年级学生，故意表扬组比错误矫正组成绩要差，这说明教师在教学活动中运用学习评定时要注意评定的（　　）

A. 客观与公正性　　B. 正确性

C. 指导性和激励性　　D. 学生的心理发展水平

14. 客观测验的缺点之一是（　　）

A. 过于客观　　B. 过于简明扼要

C. 不能确知学生的学习程度　　D. 取样太广

15. 假如某人智商是100，则他的智力是（　　）

A. 一般　　B. 优秀

C. 低常　　D. 超常

得 分	评卷人	复查人

二、多项选择题（本大题共5小题，每小题2分，共10分。）

在每小题列出的五个备选项中至少有两个是符合题目要求的，请将其代码填写在题后的括号内。错选、多选、少选或未选均无分。

16. 教育心理学常见的研究方法有（　　）

A. 观察法　　B. 调查法

C. 教育经验总结法　　D. 自然实验法

E. 分析法

17. 课堂交往中的主要障碍有（　　）

A. 语言障碍　　B. 心理障碍

C. 角色地位障碍　　D. 交往技能障碍

E. 课堂结构障碍

18. 桑代克根据对动物的研究，提出了几条基本的学习规律，这些学习规律是（　　）

A. 准备律　　B. 强化律

C. 练习律　　D. 消退律

E. 效果律

19. 根据学习任务的复杂程度，有意义学习可以分为（　　）

A. 并列结合学习　　B. 总括学习

C. 代表性学习　　D. 概念学习

E. 命题学习

20. 迁移是一种学习对另一种学习的影响。影响较大的迁移论述主要有（　　）

A. 形式训练说　　B. 共同要素论

C. 干扰理论　　D. 概括化理论

E. 关系理论

第Ⅱ部分　非选择题（75 分）

得 分	评卷人	复查人

三、填空题（本大题共 8 小题，每小题1 分，共 8 分。）

请在每小题的空格中填上正确的答案。错填、不填均无分。

21. 制约儿童心理发展的因素有__________、成熟与学习、社会环境因素、学校教育因素及主观能动因素。

22. __________的认知发现学习理论对美国、世界乃至中国学校教育都有巨大的影响，其代表作是《教育过程》。

23. 经典条件反射理论的提出者是__________。

24. 学生对其学得的东西，不仅能重复、应用或表现，而且能举一反三、触类旁通、推广类化，这种现象就是__________。

25. 在技能形成过程中，一般在练习的中期，会出现进步的暂时停顿现象，这就是练习曲线上的__________。

26. 在教学过程中引起心理上的不确定性，激发学生的__________，是激发学习动机的有效方法之一。

27. ＿＿＿＿＿是一种类似于担忧的反应，是对当前或预计到对自尊心有潜在威胁的任何情境具有担忧的反映倾向。

28. 教学设计工作具有＿＿＿＿＿、具体性和灵活性等特点。

得 分	评卷人	复查人

四、名词解释题（本大题共 4 小题，每小题 3 分，共 12 分。）

29. 情绪困扰儿童

30. 下位学习

31. 教学策略

32. 形成性评定

得 分	评卷人	复查人

五、简答题（本大题共5小题，每小题6分，共30分。）

33. 简述柯尔伯格道德发展理论对教育的启示。

34. 简述教学目标的选择标准。

35. 有意义学习的标准是什么？

36. 学生的志向水平受哪些因素的影响？

37. 如何促进学生对知识的理解？

得 分	评卷人	复查人

六、论述题（本大题共 2 小题，第 38 小题 12 分，第 39 小题 13 分，共 25 分。）

38. 怎样培养学生的创造性思维？

39. 结合实际，谈谈如何克服遗忘。

四川省高等教育自学考试
教育心理学　模拟试卷（十）
参考答案

（课程代码　**02111**）

一、单项选择题

1. B　2. B　3. C　4. D　5. B　6. D　7. D　8. C　9. D
10. A　11. C　12. B　13. D　14. C　15. A

二、多项选择题

16. ABCD　17. ABCDE　18. ACE　19. CDE　20. ABDE

三、填空题

21. 遗传与环境　22. 布鲁纳　23. 巴甫洛夫　24. 学习迁移　25. 高原期　26. 求知欲　27. 焦虑　28. 系统性

四、名词解释题

29. 情绪困扰儿童：指经常为莫名其妙的紧张与焦虑所困扰的儿童。这种相当长期的不适当情绪反应足以影响个人正常情绪控制能力。

30. 下位学习：指当所学的新知识相对于原有认知结构为下位关系时，新旧知识的同化作用就表现为新知识被吸收到原有的认知结构中去，充实了原有认知结构，新知识本身也获得了再吸收新材料的力量。

31. 教学策略：指实现教学目标的方式。教学策略设计包括四个具体方面：课的划分、教学顺序设计、教学活动设计及教学组织形式的确定。

32. 形成性评定：指一般在教和学的过程中进行的，目的在于了解教学结果，探究教学中所存在的问题和缺陷，以便对教学工作进行调整的学习评定。

五、简答题（本大题共5小题，每小题6分，共30分。）

33.（1）有效的道德教育或品德陶冶必须根据各时期道德观念发展的特征而实施。

（2）对早期儿童教条式的说教，忽略儿童对权威的看法与对需欲的满足，很容易造成道貌岸然实则功利横行的现象。

（3）负责教养者不应抱“亡羊补牢、为时未晚”的想法，反而让“趁热打铁”的各时期荒废过去，因为某一时期的道德观念若不能充分发展而欲予以后设法补救，其功效可疑。

34. 教学目标选择的一般标准主要有以下几条：

（1）价值性标准。

（2）可能性标准。

（3）低耗性标准。

（4）丰富性标准。

（5）就高性标准。

35. 第一条标准也就是“建立实质性联系”，其含义为新观念与学习者认知结构中的观念完全等值，用等值的语言不同的话表达，其关系不变。第二条标准是新旧观念之间的联系是非人为（非任意）的，也就是说，这种关系是一种合理的、别人可以理解的、自然的而非人们主观强加的关系。

36. 学生的志向水平受多种因素的影响，其中主要与以下因素有关：

（1）受家庭对学生志向水平的影响。

（2）受学生过去学习成绩的影响。

（3）受能力与自信心的影响。

（4）受与人对比效应的影响。

37.（1）通过直观教学，提供丰富的感性材料。

（2）引导学生积极思维，提高概括水平。

（3）利用变式和比较突出事物的本质特征。

（4）通过语言明确揭示概念和原理的内容。

（5）使知识具体化，通过应用加深理解。

（6）使知识系统化，进一步理解教材。

（7）指导学生自学。

（8）根据学生的年龄特点区别进行指导。

六、论述题

38. 一般来说，培养学生的创造性思维要注意以下问题2

（1）发展发散思维。

发散思维是创造性思维的主要成分，可以通过教学有意识地训练、发展学生思维的变通性、独特性和流畅性。

（2）训练学生解决问题的各种技巧。

创造思维也有赖于聚合思维。聚合思维能将许多相关的信息组合成一个正确的答案。训练学生解决问题的各种技巧，就是要使他们能够正确地处理各种信息并进行正确的选择。

（3）培养学生创造性的个性。

富于创造性思维的学生不仅智力较高，而且还有一系列非智力的个性特征。他们勤奋、自信而幽默。教师应对此加以保护和培养。

（4）尊重学生的思维结果，容许不同意见的存在。

应允许学生“标新立异”，对于错误的“思路”，教师也要以理服人，有针对性地予以指导。

39. （1）注意营养和健康，防止大脑创伤和心理障碍。

营养不良、疾病缠身、心理障碍，均可影响大脑功能的发挥，使正常的保持和回忆能力受到阻碍，产生遗忘的现象。教师应与家长和卫生机关合作，防治疾病，增进健康。平时亦应劝诫学生注意用脑卫生，切勿苛责一时失忆的学生。

（2）加强记忆信心，提供愉快的学习经验。

自信心对于记忆保持极为重要，因为有无自信决定大脑功能活动的开启和强度。主动而愉快的学习，也因学习者的自觉性较高，容易进入自动复习状态，从而加强对遗忘的抗拒。

（3）提倡理解基础上的记忆，使用合理的记忆方法。

理解知识的本质基础上的记忆，其保持效果明显地优于死记硬背。充分利用“有意识记”，同时重视利用“无意识记”，合理安排记忆材料，使用多种途径识记，是合理的记忆方法应该包括的主要方面。

（4）复习。

怎样才能合理地组织复习，以收到良好的效果呢？

①根据遗忘的先快后慢的规律，要科学分配复习时间，及时复习，经常复习。

②应根据材料的性质和数量合理安排复习。

③要强调复习的效率和主动性，强调反复阅读和尝试回忆相结合。

此外，注意学习材料的归类、系统化及应用，对提高复习效果也很重要。

（5）过度学习。

过度学习指在达到最低限度领会以后，或者在达到勉强可以回忆的程度以后，对某一课题继续进行学习。过度学习是当前教师防止学生产生遗忘，提高学习成绩的主要手段。适当的过度学习可以加强记忆的保持，但其效果会随着过度学习程度的加深而愈来愈小。在这种情况下，过分的甚至是疯狂的过度学习不仅可能使学生厌烦，甚至伤害学生，而且效果极差，往往得不偿失。

（6）记忆术。

记忆术所常用的方法或技巧如下：

①环境联结法。

②连锁法。

③数字—文字变换法。

四川省高等教育自学考试
教育心理学　模拟试卷（十一）

（课程代码　02111）

注意事项：

本试卷共 8 页，满分 100 分；考试时间 150 分钟。

总分		题号	一	二	三	四	五
核分人		题分	20	15	15	30	20
复查人		得分					

第Ⅰ部分　选择题（共 20 分）

得 分	评卷人	复查人

一、单项选择题（本大题共 20 小题，每小题 1 分，共 20 分）

在每小题列出的四个备选项中只有一个是符合题目要求的，请将其代码填写在题后的括号内。错选、多选或未选均无分。

1. 一般来说，认知风格中场独立性者更感兴趣的学科是（　　）

A. 文学　　B. 数学

C. 历史　　D. 法律

2. 皮亚杰认为，7 至 11 岁的儿童认知发展处于（　　）

A. 思维准备阶段　　B. 思维阶段

C. 感觉运动阶段　　D. 抽象思维阶段

3. 学校教育心理学中最重要、最核心的理论是（　　）

A. 智力理论　　B. 动机理论

C. 学习理论　　D. 认知理论

4. 提出掌握学习理论的学者是（　　）

A. 华生　　B. 布鲁纳

C. 布鲁姆　　D. 班杜拉

5. 垂直迁移和水平迁移分类的最初提出者是（　　）

A. 加涅　　B. 华生

C. 布鲁纳　　D. 斯金纳

6. 迁移的形式训练说的心理学基础是（　　）

A. 人本主义　　B. 官能心理学

C. 行为主义　　D. 认知心理学

7. 学生对知识的理解可以由低到高分为四种水平，其中最高水平是（　　）

A. 解释的理解　　B. 字面理解

C. 批判性理解　　D. 创造性理解

8. 智力技能形成的最初阶段是（　　）

A. 物质活动与物质化活动　　B. 活动定向

C. 有声的外部言语　　D. 无声的外部言语

9. 问题解决的最后一个阶段是（　　）

A. 分析问题　　B. 提出假设

C. 发现问题　　D. 检验假设

10. 一个人把自己的思想、感情或信念归诸别人或客体的心理现象，叫（　　）

A. 认同　　B. 移植

C. 投射　　D. 回归

11. 马斯洛的需要层次理论认为，人的最高层次的需要是（　　）

A. 生存需要　　B. 归属需要

C. 尊重需要　　D. 自我实现的需要

12. 刺激—反应联结学习理论最初的代表人物是（　　）

A. 桑代克　　B. 华生

C. 斯金纳　　D. 布鲁纳

13. 与求异思维关系最为密切的是（　　）

A. 形象思维　　B. 抽象思维

C. 发散思维　　D. 聚合思维

14. 教学过程中的测量主要采用的方法是（　　）

A. 观察　　B. 测验

C. 访谈　　D. 实验

15. 最早提出迁移概念的心理学家是（　　）

A. 桑代克　　B. 华生

C. 布鲁纳　　D. 斯金纳

16. 提出动机性遗忘理论的心理学家是（　　）

A. 弗洛伊德　　B. 罗杰斯

C. 布鲁纳　　D. 斯金纳

17. 一般认为，桑代克发表的《教育心理学》标志着教育心理学成为独立的学科，该书出版于（　　）

A. 1913 年　　B. 1903 年

C. 1923 年　　D. 1879 年

18. 研究认知风格最著名的心理学家是（　　）

A. 西蒙　　B. 威特金

C. 苛勒　　D. 卡根

19. 心理学家吉尔福特最早关注（　　）

A. 求异思维　　B. 求同思维

C. 发散思维　　D. 聚合思维

20. 寻求解决问题的可能方案，提出解决问题的策略，是问题解决的（　　）

A. 分析问题阶段　　B. 提出假设阶段

C. 发现问题阶段　　D. 检验假设阶段

第Ⅱ部分　非选择题（80 分）

得 分	评卷人	复查人

二、填空题（本大题共 15 空，每空 7 分，共 15 分。）

请在每小题的空格中填上正确的答案。错填、不填均无分。

21. 布鲁纳认为，儿童认知发展的顺序是从________到________再到＿＿＿＿＿。

22. 有意义学习的三种类型分别是＿＿＿＿＿、＿＿＿＿＿和＿＿＿＿＿。

23. 根据前后学习的难度差异，可以把迁移分为＿＿＿＿＿和＿＿＿＿＿。

24. 布鲁姆对教育心理学的两大主要贡献是＿＿＿＿＿和＿＿＿＿＿。

25. 遗忘产生的原因有＿＿＿＿＿、＿＿＿＿＿和＿＿＿＿＿。

26. 学习动机强弱的标志是＿＿＿＿＿和＿＿＿＿＿。

得 分	评卷人	复查人

三、名词解释题（本大题共 5 小题，每小题 3 分，共 15 分。）

27. 过度学习

28. 比较性组织者

29. 创造性思维

30. 学习动机

31. 直观教学

得 分	评卷人	复查人

四、简答题（本大题共5小题，每小题6分，共30分。）

32. 简述作为教师学习教育心理学的必要性。

33. 简述教学中培养学生积极自我意识的方法。

34. 如何正确处理非正式的学生群体？

35. 如何科学进行复习，防止遗忘？

36. 简述人本主义的教学目标。

得 分	评卷人	复查人

五、论述题（本大题共2小题，每小题10分，共20分。）

37. 结合实际论述教学中如何促进知识的理解。

38. 结合实际论述良好课堂管理的基本原则。

四川省高等教育自学考试
教育心理学　模拟试卷（十一）
参考答案

（课程代码　**02111**）

一、单项选择题

1. B　2. B　3. C　4. C　5. A　6. B　7. D　8. B　9. D
10. C　11. D　12. A　13. C　14. B　15. A　16. A　17. B　18. B
19. A　20. B

二、填空题

21. 动作再现表征阶段　肖像再现表征阶段　符号再现表征阶段
22. 代表性学习　概念学习　命题学习
23. 垂直迁移　水平迁移
24. 教育目标分类　掌握学习理论
25. 生理原因　记忆痕迹衰退　干扰
26. 活动水平　指向性

三、名词解释题

27. 过度学习：指在达到最低限度领会以后，或者在达到勉强可以回忆的程度以后，对某一课题继续进行学习。

28. 比较性组织者：指能增强似是而非的新旧知识之间的可辨别性，目的在于比较新材料与认知结构相似材料的组织者。

29. 创造性思维：是应用新的方案或程序，并创造了新的思维产品的思维活动。

30. 学习动机：是激励学生进行学习活动的心理因素，是直接推动学生进行学习的一种内部动力。

31. 直观教学：是在教学中使学生通过感知获得丰富的感性知识的一种教学手段。

四、简答题

32. （1）增加对学校教育过程和学生学习过程的理解。

（2）学校教育心理学知识是所有教师的专业基础。

（3）有助于科学地总结教育教学经验。

（4）提供了学校教育、教学改革和研究的理论和方法基础。

33. （1）树立自信、自重与自尊的行为模范。

（2）以成功的经验激励学生的积极自我意识。

（3）尊重学生的理智与情感，防止不当的褒贬。

（4）提出明确与合理的要求，关心学生的学习成败，期望应成为对学生潜能的挑战。

34. （1）利用非正式学生群体的特点增强正式学生群体的素质。

（2）精心做好消极的非正式群体成员的工作，特别是做好其“领袖”人物的工作，以限制其消极作用，争取让其转化，发挥积极作用。

（3）对于破坏型的学生中的“团伙”，要坚决予以拆散，不能允许存在，当然，对此也要讲方式方法。

35. （1）根据遗忘先快后慢的规律，要科学分配复习时间，及时复习，经常复习。

（2）应根据材料的性质和数量合理安排复习。

（3）要强调复习的效率和主动性，强调反复阅读和尝试回忆相结合。

此外，注意学习材料的归类、系统化及应用，对提高复习效果也很重要。

36. （1）增加学生的自我意识和独立性。

（2）帮助学生为自己的学习负责。

（3）增加创造性。

（4）发展对艺术的兴趣。

（5）增强好奇心。

五、论述题

37. 理解是以原有的知识经验为基础，通过积极的思维活动而实现的。因此，知识的丰富性、正确性以及思维的发展水平等，都会影响理解的水平。可从以下几方面促进对知识的理解：

（1）通过直观教学，提供丰富的感性材料。

理解是一种思维活动，必须依赖丰富、典型、正确的感性材料。各种形式的直观教学，是提供丰富的感性材料的有效途径。实物直观，通过模拟实物的形象提供感性材料的模像直观，通过生动的言语描述，唤起表象的言语直观，是可供教师根据需要和可能选用的直观教学形式。

（2）引导学生积极思维，提高概括水平。

在感性材料的基础上，教师要引导学生通过积极思维，从对事物的感性概括深入到理性概括。感性概括是一种低级的概括形式，它只能概括事物的直观的、形象的、外部的特征。理性的概括是高级的概括形式，这种概括是在感性材料的基础上进行分析、综合、抽象、概括而实现的，它能反映事物的本质属性。要使学生掌握科学概念，必须使他们从感性概括向理性概括深化，从外部的、非本质的特征向内部的、本质的特征深入。

（3）利用变式和比较突出事物的本质特征。

变式就是变换各种直观材料或事例的呈现形式，以便突出事物的本质特征。有了变式的材料和事例，还要让学生比较它们，有比较才有鉴别。变式是从材料方面为理解事物本质提供有利条件，比较则从方法方面帮助理解。应用变式的材料，通过比较的方法，就能很好地突出事物的本质特征，促进理解。

（4）通过语言明确揭示概念和原理的内容。

根据概括的结果得出事物的本质特征后，就必须通过语言明确揭示概念和原理的内容，也就是要通过下定义的方法精确表达概念和原理的内容，即通过定义表达的精确含义，以简明、确切的语言把原理的内容清楚地表述并确定下来。

（5）使知识具体化，通过应用加深理解。

在教学中运用概念与原理，也就是学生对概念与原理的具体化过程。这既可以检查学生对它们的理解程度，又可以加深学生对它们的理解。

（6）使知识系统化，进一步理解教材。

知识是由概念和原理组成的体系。当个别概念、原理和其他概念、原理联系起来，并纳入一定的系统之中时，也就形成了知识体系。要使知识系统化，首先要使学生形成概念体系。在教学过程中，教师可以引导学生比较这一概念与其他相邻的、相反的、从属的概念之间的区别和联系，使他们具有这一概念与其他概念的关系的丰富知识，学生就易于掌握概念的体系。在教学中，为使学生易于形成知识的体系，教师应当按一定的知识顺序，循序渐进地讲授，并使学生正确地、深刻地掌握教学过程中出现的每一个概念，切切实实地打好知识基础。此外，教师在讲完一节、一章或一课的内容之后，还应该有小结，并要求、指导学生编列提纲、分类图解等，帮助学生将所学知识系统化。

（7）指导学生自学。

学生通过学习实践和指导形成理解能力是教学中应引起重视的问题。所谓学法指导实质上就是要通过教学帮助学生形成自己的一套知识学习体系。

（8）根据学生的特点进行有区别的指导。

教师应重视不同年龄学生的特点对理解的影响，进行有区别的指导。

38.（1）以积极的指导为主，以消极的管理为辅。

明确的教学目的、合理的教材难度、充分的学习材料、良好的教学方法与有效的教师教导态度等，均能使学生为有意义的学习而忙碌。至于消极的管理技术，应以“攻心为上”“攻城次之”为原则。

（2）培养良好行为于先，奖惩管理于后。

教导学生应该遵行良好的教室行为，可以防止许多不必要的纪律问题。良好行为的培养，需长期的训练，直到习惯成自然为止。良好习惯有赖奖励予以增强；否则，不良行为可能取而代之。

（3）师生共同制定可能达成的行为标准。

学生参与规则的制定，一则乐于接受与遵守，二则不愿违反自定的规约。由于学生的自我约束，教室纪律问题自然减少。师生共同研讨与制定常规的另一优点是，由于师生的彼此妥协，使可容忍的行为限度增大，学生不致有动辄犯过之虑，其言行亦不致时刻紧张。当然，除共同制定教室常规之外，教师更应鼓励学生实践行为的最高标准，使得学生不以未违反常规为满足。

（4）采取民主式领导，培养学生群居共处的合作态度。

民主式领导可以加强学生的自决与自决所附随的责任感，同时使每个成员对其团体荣誉的维持与增进具有义务感。民主式领导下，人人必须折中、调停与妥协以求意见一致、精诚团结。因此，采取民主式领导的教室秩序，乃是班级全体学生彼此折中与妥协的结果，乃是学生学习如何同舟共济、群居共处的合作结果。

（5）改善处理问题行为的智能与技巧，以他律为始，以自律为终。

教师应根据儿童发展阶段的属性，确定良好学习态度与群处的行为标准。至于学生的不良学习态度与反社会习性的修正，应采取最妥善的处理技巧。改正学生的不良行为应逐渐由他律转为自律。欲由他律转为自律，教师应逐渐加强学生对行为控制的认识功能。

（6）减少造成不良行为的校内及校外刺激因素。

过重或过轻的课业负担，教师对学生的不当期望与压力，苛刻的行为要求，乏味而不断重复的工作或练习，不公平的对待，校内刺激，都应当设法移除或减少，以利于教室秩序的维持。此外，暴力与色情电影或电视，不当娱乐场所或活动，青少年或成年的犯罪行为，紊乱的社会及交通秩序，贪污或无能的官员以及不当的家庭管教方式等，均直接或间接影响学生的行为，因而应设法改善之。教师或以个人名义或以教师团体力量，通过适当的媒介，采取适当的手段，可以对移除不良的校外刺激做出很大的贡献。

四川省高等教育自学考试
教育心理学　模拟试卷（十二）

（课程代码　**02111**）

注意事项：

本试卷共8页，满分100分；考试时间150分钟。

总分		题号	一	二	三	四	五
核分人		题分	20	15	15	30	20
复查人		得分					

第Ⅰ部分　选择题（共20分）

得 分	评卷人	复查人

一、单项选择题（本大题共20小题，每小题1分，共20分）

在每小题列出的四个备选项中只有一个是符合题目要求的，请将其代码填写在题后的括号内。错选、多选或未选均无分。

1. 马斯洛的需要层次理论认为，人的最高层次的需要是（　　）

A. 生存需要　　B. 归属需要

C. 尊重需要　　D. 自我实现的需要

2. 刺激—反应联结学习理论最初的代表人物是（　　）

A. 桑代克　　B. 华生

C. 斯金纳　　D. 布鲁纳

3. 与发散思维对立的是（　　）

A. 形象思维　　B. 抽象思维

C. 创造思维　　D. 聚合思维

4. 教学过程中进行的测量主要借助于（　　）

A. 观察　　B. 测验

C. 访谈　　D. 实验

5. 最早提出迁移概念的心理学家是（　　）

A. 桑代克　　B. 华生

C. 布鲁纳　　D. 斯金纳

6. 提出动机性遗忘理论的心理学家是（　　）

A. 弗洛伊德　　B. 罗杰斯

C. 布鲁纳　　D. 斯金纳

7. 一般来说，认知风格中场独立性者更感兴趣的学科是（　　）

A. 文学　　B. 数学

C. 历史　　D. 法律

8. 研究认知风格最著名的心理学家是（　　）

A. 西蒙　　B. 威特金

C. 苛勒　　D. 卡根

9. 心理学家吉尔福特最早关注研究的是（　　）

A. 求异思维　　B. 求同思维

C. 发散思维　　D. 聚合思维

10. 寻求解决问题的可能方案，提出解决问题的策略，是问题解决的（　　）

A. 分析问题阶段　　B. 提出假设阶段

C. 发现问题阶段　　D. 检验假设阶段

11. 普遍认为，当今学习目标之父是美国俄亥俄州立大学的（　　）

A. 泰勒　　B. 布鲁纳

C. 布鲁姆　　D. 班杜拉

12. 一般认为，教育心理学的创立开始于 1903 年出版的《教育心理学》，作者是美国教育心理学家（　　）

A. 詹姆士　　B. 桑代克

C. 斯金纳　　D. 布鲁纳

13. 皮亚杰认为，11 至 15 岁的儿童认知发展处于（　　）

A. 思维准备阶段　　B. 形象思维阶段

C. 感觉运动阶段　　D. 抽象思维阶段

14. 学校教育心理学中最重要、最核心的理论是（　　）

A. 智力理论　　B. 动机理论

C. 学习理论　　D. 认知理论

15. 布鲁姆提出的是（　　）

A. 掌握学习理论　　B. 认知学习理论

C. 情感学习理论　　D. 行为学习理论

16. 迁移的形式训练说的心理学基础是（　　）

A. 官能心理学　　B. 人本主义

C. 行为主义　　D. 认知心理学

17. 贾德提出的迁移理论被称为（　　）

A. 形式训练说　　B. 共同要素说

C. 概括化理论　　D. 关系理论

18. 以词的声音表象、动觉表象为支柱而进行智力活动的阶段，称作（　　）

A. 活动定向　　B. 内部言语

C. 有声的外部言语　　D. 无声的外部言语

19. 反映测验分数可靠性的指标，是测验的（　　）

A. 效度　　B. 信度

C. 难度　　D. 区分度

20. 一个人把对某人的感情转移到另一个人身上的心理现象，叫（　　）

A. 认同　　B. 移置

C. 投射　　D. 回归

第Ⅱ部分　非选择题（80 分）

得 分	评卷人	复查人

二、填空题（本大题共 15 空，每空 1 分，共 15 分。）

请在每小题的空格中填上正确的答案。错填、不填均无分。

21. 桑代克提出的学习三大基本规律是________、________和________。

22. 根据班集体的性质，可将其分为__________、__________和__________。

23. 布鲁纳认为，学习所包含的三个过程是__________、__________和__________。

24. 遗忘的干扰理论认为，干扰主要有两种表现，即__________和__________。

25. 学习积极性的高低可以从__________、__________和__________三个方面进行考察。

26. 与创造性思维关系最密切的是__________。

得 分	评卷人	复查人

三、名词解释题（本大题共 5 小题，每小题 3 分，共 15 分。）

27. 个体社会化

28. 学习目标

29. 教学评定

30. 下位学习

31. 遗忘曲线

得 分	评卷人	复查人

四、简答题（本大题共5小题，每小题6分，共30分。）

32. 简述教学目标的心理功能。

33. 简述教学中培养学生积极自我意识的方法。

34. 简述教学设计的基本要素。

35. 简述加涅关于指导学习的基本观点。

36. 简述人本主义的教学原则。

得 分	评卷人	复查人

五、论述题（本大题共 2 小题，每小题，10 分，共 20 分。）

37. 在教育教学中，如何培养和激发学生的学习动机？

38. 教学中如何促进知识的理解？

四川省高等教育自学考试
教育心理学　模拟试卷（十二）
参考答案

（课程代码　**02111**）

一、单项选择题

1. D　2. A　3. D　4. B　5. A　6. A　7. B　8. B　9. A
10. B　11. A　12. B　13. D　14. C　15. A　16. A　17. C　18. D
19. B　20. B

二、填空题

21. 准备律　练习律　效果律
22. 团结的班集体　散聚的班集体　离散的班集体
23. 新知识的获得　知识的转换　检查知识是否恰当和充实
24. 前摄抑制　倒摄抑制
25. 注意状态　情绪状态　意志状态
26. 发散思维

三、名词解释题

27. 个体社会化：指个人逐渐接受一定社会或群体所要求的知识经验、行为规范、价值观体系以及适应社会的能力的过程。简言之，也就是使人从生物人变成社会人的过程。

28. 学习目标：也称行为目标，是对学习者通过教学以后将能做什么的一种明确的、具体的表述。

29. 教学评定：是根据一定的标准对学生的学习行为进行估价的过程。

30. 下位学习：是指当所学的新知识相对于原有认知结构为下位关系时，新旧知识的同化作用就表现为新知识被吸收到原有的认知结构中去，充实了原有认知结构，新知识本身也获得了再吸收新材料的力量。

31. 遗忘曲线：德国心理学家艾宾浩斯首先用无意义音节为材料进行有关保持进程的研究，发现并绘制了第一个保持曲线，或称遗忘曲线。遗忘曲线揭示了遗忘“先快后慢”的规律。

四、简答题

32. （1）教学目标的启动功能。

（2）教学目标的导向功能。

（3）教学目标的激励功能。

（4）教学目标的聚合功能。

33. （1）树立自信、自重与自尊的行为模范。

（2）以成功的经验激励学生的积极自我意识。

（3）尊重学生的理智与情感，防止不当的褒贬。

（4）提出明确与合理的要求，关心学生的学习成败。

（5）尊重学生个人价值，培养合理的人际关系。

34. （1）分析教学对象。

（2）制定教学目标。

（3）选用教学方法。

（4）开展教学评价。

35. 概括起来，加涅关于指导学习的观点如下：

（1）教学就是要教大量有组织的系统化的知识。

（2）教思维方法，指导学生“如何想”，并不能养成能力，必须通过大量有组织的知识学习来培养能力。

（3）教学必须给学生充分的指导，沿着规定的程序进行。

36. （1）教学更注重于情感发展而不是知识的获得。

（2）强调发展自我观念。

（3）强调交往。

（4）强调发展价值观。

五、论述题

37. 学校是激发和培养学生学习动机的主要源泉，教师要以身作则，使学生认同，成为学生模仿的榜样。

（1）加强学习目的教育，发挥目标激励作用。

在教学开始时明确而具体地向学生陈述教学目标，能激起学生对新学习任务的学习动机和期待心理。教学目标可起到先行组织者的作用。它能帮助学生对学习材料按目标进行分析组织，将其纳入到认知结构中去。

（2）引起心理上的不确定性，激发学生的求知欲。

“不确定性是动机的根源”。当学生得到与自己原有认知结构不一致的、新颖的、奇特的信息时，就会产生认知冲突，引起心理上的不确定性，从而激起解决认知不确定性的动机。可见，制造认知不协调，是激发学生学习动机的重要策略。教师要善于利用学生熟悉和生疏、新知与旧知、现在与将来、自己和别人及学生地位变化的不确定性，激发学生的学习动机。

（3）通过获得成功的机会和体验，激发学生的学习动机。

教学中创造条件使学生获得成功的机会和体验，是激发学生学习动机的重要方法。

（4）培养和激发学生的学习兴趣。

培养学生学习兴趣应注意五点：知识的准备是学习兴趣产生的基础，保护学生的好奇心与求知欲，在实践活动中培养学生兴趣；依据学生的个性特点培养学生的兴趣；在教学中要将直接兴趣与间接兴趣相互结合。

再者，激发学生的学习兴趣，要了解学生对可能获得成功的事、对抱有期待心理的事、对能带来愉快感的事物、对难度适中的教学容易发生兴趣。教学中要防止单调感、枯燥感、疲劳感和饱足感，保持新鲜感。

（5）利用学习反馈和学习评定。

反馈是指某一系统将信息输出后，将其作用的结果返回到原系统，用以控制调节它所输出的信息。在教学活动中，利用学习结果的反馈，可以激励学习动机。为使评价对学习动机发挥有效的激励作用，应当注意以下几点：要教育学生对评定持正确态度，评定应该客观、公正和及时；赞许的肯定评价对学生更有激励作用，评定的方式要灵活多样，评定要富于指导性和激励作用。

（6）利用学习竞赛和奖惩激发学习动机。

研究表明，组织良好的、适度的学习竞赛，可以诱发学生的学习兴趣，活跃课堂气氛，激发学生的学习动机。奖惩也可以激发学生的学习动机。

（7）与学生签订学习协议。

（8）在课堂教学中可供教师选用的激发学生学习动机的技巧：

①在课程开始时给学生一个具有激发作用的理由。

②确切地告诉学生你想要他们做什么。

③使学生确定短期的学习目标。

④使用口头或书面表扬。

⑤公正地测验并评分。

⑥强调发现、好奇、探究和怀疑的价值。

⑦偶尔做一些令学生出其不意的事。

⑧促进学生求知的欲望。

⑨使用家庭生活的例证。

⑩独特地应用概念和原则。

⑪使学生应用他们以前写过的东西。

⑫使用游戏和模拟的方式。

⑬将竞争的吸引力控制在最低的限度。

⑭将任何可能导致学生不愉快的事情控制在最小的程度。

⑮了解学校和课堂的气氛。

38. 理解是以原有的知识经验为基础，通过积极的思维活动而实现的。因此，知识的丰富性、正确性以及思维的发展水平等，都会影响理解的水平。可从以下几方面促进对知识的理解：

（1）通过直观教学，提供丰富的感性材料。

理解是一种思维活动，必须依赖丰富、典型、正确的感性材料。各种形式的直观教学，是提供丰富的感性材料的有效途径。实物直观，通过模拟实物的形象提供感性材料的模像直观，通过生动的言语描述，唤起表象的言语直观，是可供教师根据需要和可能选用的直观教学形式。

（2）引导学生积极思维，提高概括水平。

在感性材料的基础上，教师要引导学生通过积极思维，从对事物的感性概括深入到理性概括。感性概括是一种低级的概括形式，它只能概括事物的直观的、形象的、外部的特征。理性的概括是高级的概括形式，这种概括是在感性材料的基础上进行分析、综合、抽象、概括而实现的，它能反映事物的本质属性。要使学生掌握科学概念，必须使他们从感性概括向理性概括深化，从外部的、非本质的特征向内部的、本质的特征深入。

（3）利用变式和比较突出事物的本质特征。

变式就是变换各种直观材料或事例的呈现形式，以便突出事物的本质特征。有了变式的材料和事例，还要让学生比较它们，有比较才有鉴别。变式是从材料方面为理解事物本质提供有利条件，比较则从方法方面帮助理解。应用变式的材料，通过比较的方法，就能很好地突出事物的本质特征，促进理解。

（4）通过语言明确揭示概念和原理的内容。

根据概括的结果得出事物的本质特征后，就必须通过语言明确揭示概念和原理的内容，也就是要通过下定义的方法精确表达概念和原理的内容，即通过定义表达的精确含义，以简明、确切的语言把原理的内容清楚地表述并确定下来。

（5）使知识具体化，通过应用加深理解。

在教学中运用概念与原理，也就是学生对概念与原理的具体化过程。这既可以检查学生对它们的理解程度，又可以加深学生对它们的理解。

（6）使知识系统化，进一步理解教材。

知识是由概念和原理组成的体系。当个别概念、原理和其他概念、原理联系起来，并纳入一定的系统之中时，也就形成了知识体系。要使知识系统化，首先要使学生形成概念体系。在教学过程中，教师可以引导学生比较这一概念与其他相邻的、相反的、从属的概念之间的区别和联系，使他们具有这一概念与其他概念的关系的丰富知识，学生就易于掌握概念的体系。在教学中，为使学生易于形成知识的体系，教师应当按一定的知识顺序，循序渐进地讲授，并使学生正确地、深刻地掌握教学过程中出现的每一概念，切切实实地打好知识基础。此外，教师在讲完一节、一章或一课的内容之后，还应该有小结，并要求、指导学生编列提纲、分类图解等，帮助学生将所学知识系统化。

（7）指导学生自学。

学生通过学习实践和指导形成理解能力是教学中应引起重视的问题。所谓学法指导实质上就是要通过教学帮助学生形成自己的一套知识学习体系。

（8）根据学生的年龄特点区别进行指导。

教师应重视不同年龄学生的特点对理解的影响，进行有区别的指导。

四川省高等教育自学考试
教育心理学　模拟试卷（十三）

（课程代码　**02111**）

注意事项：

本试卷共8页，满分100分；考试时间150分钟。

总分		题号	一	二	三	四	五
核分人		题分	20	10	15	30	25
复查人		得分					

第Ⅰ部分　选择题（共30分）

得 分	评卷人	复查人

一、单项选择题（本大题共20小题，每小题1分，共20分）

在每小题列出的四个备选项中只有一个是符合题目要求的，请将其代码填写在题后的括号内。错选、多选或未选均无分。

1. 心理学，特别是学校教育心理学研究最多、最活跃的一个领域是（　　）

A. 心理健康　　B. 记忆

C. 智力　　D. 学习

2. 教师通过观察学生在课堂中的表现来了解学生的学习状况，这种方法属于（　　）

A. 调查法　　B. 观察法

C. 实验法　　D. 测验法

3. 根据群体的组成方式及性质，可以把学生群体划分为（　　）

A. 大群体与小群体

B. 正面型学生群体与消极型学生群体

C. 正式学生群体与非正式学生群体

D. 同质群体与异质群体

4. 研究发现，教师期望效应的大小要受学生年龄的影响。一般而言，更易受到期望效应影响的是（　　）

A. 年龄无明显差异的学生　　B. 中等年龄的学生

C. 年龄较大的学生　　D. 年龄较小的学生

5. 教学目标对教学行为具有“引火线”式的引发作用，表明教学目标具有（　　）

A. 聚合功能　　B. 导向功能

C. 激励功能　　D. 启动功能

6. 学校教育对儿童心理发展起（　　）

A. 决定作用　　B. 次要作用

C. 主导作用　　D. 一定的作用

7. 认知发展分期理论认为，11 至 15 岁的儿童处于（　　）

A. 感觉运动阶段　　B. 思维准备阶段

C. 思维阶段　　D. 抽象思维阶段

8. 尝试错误学习理论的提出者是心理学家（　　）

A. 巴甫洛夫　　B. 桑代克

C. 班杜拉　　D. 斯金纳

9. 加涅关于学习的八种阶梯类型中，最低层次的学习是（　　）

A. 刺激反应联结　　B. 信号

C. 概念学习　　D. 问题解决

10. “举一反三”“触类旁通”，这种现象属于（　　）

A. 原型启发　　B. 学习迁移

C. 定势　　D. 变式

11. 社会学习理论最突出的特点是（　　）

A. 强调模仿　　B. 强调行动

C. 强调思维　　D. 强调观察式学习和符号强化

12. 皮亚杰认为，人从其生物方面继承了（　　）

A. 组织和适应的特性　　B. 思维和行动的特性
C. 操作和处理的特性　　D. 领导和被领导的特性

13. 一个儿童能够说出砖头的多种用途，说明创造思维具有（　　）
A. 独创性　　B. 变通性
C. 流畅性　　D. 新颖性

14. 智力技能形成的最高阶段是（　　）
A. 活动定向　　B. 内部言语
C. 有声的外部言语　　D. 无声的外部言语

15. 学生对知识的理解可以由低到高分为四种，其中最高水平是（　　）
A. 解释的理解　　B. 字面理解
C. 批判性理解　　D. 创造性理解

16. 一个人把对某人的感情转移到另一个人身上的心理现象被称为（　　）
A. 认同　　B. 移植
C. 投射　　D. 回归

17. 研究表明，在学习中一般易受外界环境影响的个体在认知风格上属于（　　）
A. 场独立型　　B. 独依存型
C. 冲动型　　D. 反省型

18. 教师告诉学生学习结果，指出其正确和错误，这是教学活动中的（　　）
A. 及时反馈　　B. 延时反馈
C. 消极反馈　　D. 积极反馈

19. 教学设计的开始环节为（　　）
A. 教学内容分析　　B. 教学对象分析
C. 学习目标编写　　D. 学习需要分析

20. 在教和学的过程中进行的，目的是了解教学结果，探究教学中所存在的问题和缺陷，以便对教学工作进行调整的评定是（　　）
A. 配置性评定　　B. 形成性评定
C. 总结性评定　　D. 论文式评定

得 分	评卷人	复查人

二、多项选择题（本大题共5小题，每小题2分，共10分）

在每小题列出的五个备选项中至少有两个是符合题目要求的，请将其代码填写在题后的括号内。错选、多选、少选或未选均无分。

21. 非正式学生群体的主要特点有（　　）

A. 有固定的组织结构

B. 群体内部的一致性

C. 情感依赖性

D. 往往具有较突出的“领袖”人物

E. 凝聚力不强

22. 奥苏贝尔认为，要完成有意义学习必须具备的条件是（　　）

A. 学习者必须具备整合新旧观念的能力

B. 学习材料必须具备逻辑意义

C. 学习者认知结构中必须具备适当的知识基础

D. 学习过程必须具备有意义学习的因素

E. 学习者必须具备有意义学习的心向

23. 学生学习的特点主要表现为（　　）

A. 间接性为主，直接性为辅　　B. 组织计划性

C. 有效性　　D. 年龄阶段性

E. 面向未来性

24. 常用的测验方法有（　　）

A. 论文式测验　　B. 客观测验

C. 智力测验　　D. 标准测验

E. 心理测验

25. 按照皮亚杰的认知发展分期理论，0～2岁儿童认知有以下哪些特征？（　　）

A. 从被动的反应到积极而有意的反应

B. 从不见即无到能随运动中的物体了解所谓的物体长存

C. 从注意自己的身体到认识外界环境

D. 思考有不可逆性

E. 缺乏以语言或抽象符号为物体命名或分类的能力

第Ⅱ部分　非选择题（70 分）

得 分	评卷人	复查人

三、名词解释题（本大题共 5 小题，每小题 3 分，共 15 分）

26. 行为目标

27. 学习

28. 遗忘曲线

29. 高原现象

30. 教学策略

得 分	评卷人	复查人

四、简答题（本大题共5小题，每小题6分，共30分）

31. 简述发散思维的特点。

32. 简述“罗森塔尔效应”。

33. 简述克服遗忘的主要方法。

34. 因材施教的策略有哪些?

35. 简述教学目标选择的标准。

得 分	评卷人	复查人

五、论述题（本大题共 2 小题，第 36 小题 12 分，第 37 小题 13 分，共 25 分）

36. 请结合实际，分析在教学过程中应如何促进知识的理解。

37. 试述布鲁纳认知发现学习理论的基本观点。

四川省高等教育自学考试
教育心理学　模拟试卷（十三）
参考答案

（课程代码　**02111**）

一、单项选择题

1. D　2. B　3. C　4. D　5. D　6. C　7. D　8. B　9. B
10. B　11. D　12. A　13. B　14. B　15. D　16. B　17. B　18. D
19. D　20. B

二、多项选择题

21. BCD　22. BCE　23. ABCDE　24. ABDE　25. ABCE

三、名词解释题

26. 行为目标：是对学习者通过学习以后将能做什么的一种明确的、具体的表述。

27. 学习：学习是指学习者在某一特定的情境中由重复经验而引起的对于那个情境的行为的变化，而这种行为的变化是不能根据先天的反应倾向、成熟或学习者暂时状态来解释的。

或：学习是人类倾向或才能的一种变化。这种变化要持续一段时间，而且，不能把这种变化简单地归之于成长的过程。

或：学习是人及动物在生活中获得个体的行为经验的过程。

28. 遗忘曲线：德国心理学家艾宾浩斯首先用无意义音节为材料进行有关保持进程的研究，发现并绘制了第一个保持曲线，遗忘曲线揭示了遗忘“先快后慢”的规律。

29. 高原现象：在技能形成过程中，一般在练习的中期，会出现进步的暂时停顿现象。但在高原之后，又可看到成绩继续上升。

30. 教学策略：教学策略是实现教学目标的方式。教学策略设计包括四个具体方面：课的划分、教学顺序设计、教学活动设计及教学组织形式的确定。

四、简答题

31. 答：（1）变通性，指发散项目的范围或维度；

（2）独创性，指发散的项目不为一般人所具有；

（3）流畅性，指单位时间内发散项目的数量。

32. 答：心理学家罗森塔尔研究指出：教师对学生的期望可以起一种潜移默化的作用，从而有助于学生学习的进步，也称为教师期望效应。同时，进一步的研究发现，教师期望效应的大小受学生年龄的影响，一般年龄较小的学生更易受到期望的影响。

31. 答：（1）变通性，指发散项目的范围或维度；

（2）独创性，指发散的项目不为一般人所具有；

（3）流畅性，指单位时间内发散项目的数量。

33. 答：（1）注意营养和健康，防止大脑创伤和心理障碍；

（2）加强记忆信心，提供愉快的学习经验；

（3）提倡理解基础上的记忆，使用合理的记忆方法；

（4）复习；

（5）过度学习；

（6）记忆术。

34. 答：常用的因材施教策略有：

（1）能力分班或分组；

（2）跳级；

（3）留级；

（4）复式教学；

（5）程序教学。

35. 答：（1）价值性标准；

（2）可能性标准；

（3）低耗性标准；

（4）丰富性标准；

（5）就高性标准。

五、论述题

36. 答：（1）通过直观教学，提供丰富的感性材料；

（2）引导学生积极思维，提高概括水平；

（3）利用变式和比较突出事物的本质特征；

（4）通过语言明确揭示概念和原理的内容；

（5）使知识具体化，通过应用加深理解；

（6）使知识系统化，进一步理解教材；

（7）指导学生自学；

（8）根据学生的年龄特点区别进行指导。

37. 答：（1）认为学习是一个主动的认知过程。布鲁纳认为学习包含几乎同时发生的三种过程，即新知识的获得，知识的转换，检查知识是否恰当和充实。

（2）对儿童心理发展实质的看法。布鲁纳认为，儿童心理发展经历了从依赖刺激到减少对刺激依赖的过程。

（3）重视学习过程。

（4）强调形成学习结构。

（5）强调直觉思维的重要性。

（6）强调内部动机的重要性。

（7）强调基础学科早期学习。布鲁纳认为，“任何学科都能够用某种正确的和有用的形式教给任何年龄的任何人”。

（8）强调信息提取。

（9）提倡发现学习。

四川省高等教育自学考试
教育心理学　模拟试卷（十四）

（课程代码　02111）

注意事项：

本试卷共8页，满分100分；考试时间150分钟。

总分		题号	一	二	三	四	五
核分人		题分	20	10	15	30	25
复查人		得分					

第Ⅰ部分　选择题（共30分）

得 分	评卷人	复查人

一、单项选择题（本大题共20小题，每小题1分，共20分）

在每小题列出的四个备选项中只有一个是符合题目要求的，请将其代码填写在题后的括号内。错选、多选或未选均无分。

1. 一般认为，1903年出版的《教育心理学》是教育心理学成为独立学科的标志，该书作者是（　　）

A. 桑代克　　B. 布鲁纳

C. 布鲁姆　　D. 班杜拉

2. 在学校教育的实际情况下，按照研究的目的而控制和变更某些条件，以观察被试心理活动的研究方法是（　　）

A. 调查法　　B. 观察法

C. 实验法　　D. 测验法

3. 教师扮演的中心角色是（　　）

A. 学者　　B. 办事员

C. 教员　　D. 权威人物

4. 社会测量法的提出者是（　　）

A. 史莫克　　B. 莫雷若

C. 加涅　　D. 奥苏贝尔

5. 普遍认为，当今学习目标之父是美国俄亥俄州立大学的（　　）

A. 泰勒　　B. 布鲁纳

C. 布鲁姆　　D. 班杜拉

6. 根据柯拉斯沃等的分类法，情感的教学目标有五个程序，即接受、反应、评价、组织和（　　）

A. 价值的性格化　　B. 非言语交流

C. 理解　　D. 统合

7. 根据皮亚杰的儿童认知发展理论，儿童思维发展的第三阶段是（　　）

A. 思维阶段　　B. 思维准备阶段

C. 抽象思维阶段　　D. 感觉动作阶段

8. 操作性条件反射学习理论的提出者是心理学家（　　）

A. 巴甫洛夫　　B. 桑代克

C. 班杜拉　　D. 斯金纳

9. 加涅关于学习的八种阶梯类型中，最高层次的学习是（　　）

A. 刺激反应联结　　B. 信号

C. 概念学习　　D. 问题解决

10. 在心理学中，最早明确强调内部心理结构并以此来解释学习过程的心理学流派是（　　）

A. 行为主义　　B. 精神分析

C. 格式塔学派　　D. 认知心理学

11. 学习是动物和人类生活中普遍存在的现象。学习是（　　）

A. 奖惩的结果　　B. 接受讲述

C. 获得事实材料　　D. 有机体适应环境的必要条件

12. 下列说法中**不能**反映学习迁移现象的是（　　）

A. 举一反三　　B. 由表及里

C. 触类旁通　　D. 由此及彼

13. 以词的声音表象、动觉表象为支柱而进行智力活动的阶段，称作（　　）

A. 活动定向　　B. 内部言语

C. 有声的外部言语　　D. 无声的外部言语

14. 寻求解决问题的可能方案，提出解决问题策略的问题解决阶段是（　　）

A. 分析问题　　B. 提出假设

C. 发现问题　　D. 检验假设

15. 能对有关知识进行分析概括，找出知识间的内在联系，这种理解是（　　）

A. 字面理解　　B. 解释的理解

C. 批判性的理解　　D. 创造性的理解

16. 无意注意与有意注意是（　　）

A. 没有关系的　　B. 不能转化的

C. 可以转化的　　D. 没有区别的

17. 一个学生对另一个蛮横学生不满，但却在并无过错的弱小学生或朋友身上发泄，这是心理防御机制中的（　　）

A. 认同　　B. 移植

C. 投射　　D. 回归

18. 一般来说，认知风格中场独立性者更感兴趣的学科是（　　）

A. 文学　　B. 数学

C. 历史　　D. 法律

19. 在教学过程中若要了解学生学习的起点状况，一般采用（　　）

A. 形成性评定　　B. 总结性评价

C. 配置性评定　　D. 发展性评定

20. 反映测验分数可靠性的指标，是测验的（　　）

A. 效度　　B. 信度

C. 难度　　D. 区分度

得 分	评卷人	复查人

二、多项选择题（本大题共5小题，每小题2分，共10分）

在每小题列出的五个备选项中至少有两个是符合题目要求的，请将其代码填写在题后的括号内。错选、多选、少选或未选均无分。

21. 根据班集体的性质，可将其分为（　　）

A. 团结的班集体　　B. 稳固的班集体

C. 临时的班集体　　D. 散聚的班集体

E. 离散的班集体

22. 斯金纳认为，“教学就是安排可能发生强化的事件促进学习。”所以他建议利用操作条件反射的理论安排程序教学，以便更有效地呈现与学习教材。其程序教学的基本原则是（　　）

A. 小步子逻辑序列　　B. 要求学生做出积极反应

C. 及时反馈　　D. 学生自定步调

E. 低的错误率

23. 对于各种特殊学生，在教学中贯彻因材施教原则，要做到（　　）

A. 复式教学　　B. 正常的对待方式

C. 正确的态度　　D. 积极的评价

E. 主动的操作

24. 在我国，一般习惯于根据学习的内容和结果把学习划分为（　　）

A. 知识的学习　　B. 技能的学习

C. 以思维为主的能力的学习　　D. 情意和人格的学习

E. 道德品质和行为习惯的学习

25. 按照皮亚杰的认知发展分期理论，2～7岁儿童认知有以下哪些特征？（　　）

A. 对同一问题，接受不同的观点

B. 能同时注意一个以上的因素

C. 逐渐能从记忆过去的经验到想象未来

D. 思考有不可逆性

E. 万物皆有生命

第Ⅱ部分　非选择题（70 分）

得 分	评卷人	复查人

三、名词解释题（本大题共 5 小题，每小题 3 分，共 15 分）

26. 非正式学生群体

27. 学习目标

28. 广义的学习

29. 变式

30. 教学设计

得 分	评卷人	复查人

四、简答题（本大题共5小题，每小题6分，共30分）

31. 简述皮革马利翁效应。

32. 简述减少或消除不良行为的心理学原则。

33. 禀赋优异儿童的教育策略有哪些?

34. 怎样培养学生的观察力?

35. 简述艾宾浩斯遗忘曲线和遗忘规律。

得 分	评卷人	复查人

五、论述题（本大题共2小题，第36小题12分，第37小题13分，共25分）

36. 请结合实际，论述在教学过程中应如何培养学生的创造性思维。

37. 联系实际谈谈如何促进学习的迁移。

四川省高等教育自学考试
教育心理学 模拟试卷（十四）
参考答案

（课程代码 **02111**）

一、单项选择题

1. A 2. C 3. C 4. B 5. A 6. A 7. A 8. D 9. D
10. C 11. D 12. B 13. D 14. B 15. B 16. C 17. B 18. B
19. C 20. A

二、多项选择题

21. ADE 22. ABCDE 23. BCDE 24. ABCE 25. CDE

三、名词解释题

26. 非正式学生群体：没有正式规定建立，也无须任何人批准同意，由有关学生自愿组合而成的学生群体。

27. 学习目标：是对学习者通过学习以后将来能做什么的一种明确的、具体的表述。

28. 广义的学习：学习是指学习者在某一特定的情境中由重复经验而引起的对于那个情境的行为的变化，而这种行为的变化是不能根据先天的反应倾向、成熟或学习者暂时状态来解释的。

或：学习是人类倾向或才能的一种变化。这种变化要持续一段时间，而且，不能把这种变化简单地归之于成长的过程。

或：学习是人及动物在生活中获得个体的行为经验的过程。

29. 变式：就是变换各种直观材料或事例的呈现形式，以便突出事物的本质特征的方式。

30. 教学设计：或称教学系统设计，是一种实施教学系统方法的具体的可操作的程序。

四、简答题

31. 答：教师对学生的期望可以起一种潜移默化的作用，从而有助于学生学习的进步。教师期望的这种效应借著名的神话故事也称为“皮格马利翁效应”。同时，进一步的研究发现，教师期望效应的大小受学生年龄的影响，一般年龄较小的学生更易受到期望的影响。

32. 答：（1）尽量预防这些行为的发生，“防患于未然”；

（2）一经出现，尽量制止这些行为的继续；

（3）加强对与不良行为相反的优良行为的倡导；

（4）不良行为的发生应该受到适度的惩罚。

33. 答：（1）加速制教学策略；

（2）充实制教学策略，有水平充实和垂直充实；

（3）特殊班级制教学策略，有固定特殊班级制和弹性特殊班级制。

34. 答：（1）必须提出明确而具体的目的、任务；

（2）在观察前要作好有关知识的充分准备，并订出周密的计划；

（3）有计划有系统地训练学生的观察技能和方法；

（4）启发学生观察的主动性，养成勤于观察的好习惯；

（5）利用一切机会，让学生参加多种实践活动；

（6）指导学生作好观察的记录，对观察的结果进行整理和总结。

35. 答：德国心理学家艾宾浩斯首先用无意义音节为材料进行有关保持进程的研究，发现并绘制了第一个保持曲线，遗忘曲线揭示了遗忘规律，即遗忘进程是不均衡的，遗忘“先快后慢”。

五、论述题

36. 答：创造性思维是应用新的方案或程序，并创造了新的思维产品的思维活动。

一般说来，培养学生创造性思维，要注意以下问题：

（1）发展发散思维。

发散思维是创造性思维的主要成分，因而发展发散思维对培养创造性思维有重要作用。可以通过教学有意识地训练学生，发展学生思维的变通性、独特性和流畅性。

（2）训练学生解决问题的各种技巧。

创造思维虽然同发散思维关系最为密切，但是也有赖于聚合思维训练学生解决问题的各种技巧，就是要使他们能够正确地处理各种信息并进行正确地选择，以利于完成创造思维的整个过程。

（3）培养学生创造性的个性。

富于创造性思维的学生不仅智力较高，而且有较强烈的求知欲和探究精神，且勤奋、自信和幽默。教师应保护和培养学生有利于发展创造性思维的个性，这对培养学生创造性思维有重要意义。

（4）尊重学生的思维结果，容许不同意见的存在教师对于学生的思维过程及结果，哪怕是“不合常规”，也要尊重，避免立即否定或嘲讽。应允许学生“标新立异”，避免事事苛求一致，要求整齐划一常常阻碍学生创造性思维的发展。

37. 答：（1）合理地安排课程与组织教材；

（2）提高概括水平，强调理解；

（3）课内和课外练习配合，提供应用机会；

（4）提供学习方法的指导；

（5）培养良好的心理准备状态。

四川省高等教育自学考试
教育心理学　模拟试卷（十五）

（课程代码　**02111**）

注意事项：

本试卷共8页，满分100分；考试时间150分钟。

总分		题号	一	二	三	四	五
核分人		题分	20	10	15	30	25
复查人		得分					

第Ⅰ部分　选择题（共30分）

得 分	评卷人	复查人

一、单项选择题（本大题共20小题，每小题1分，共20分）

在每小题列出的四个备选项中只有一个是符合题目要求的，请将其代码填写在题后的括号内。错选、多选或未选均无分。

1. “一个已经形成的可以改变的联结，如不应用，就会使这个联结减弱。”桑代克把这称为（　　）

A. 准备律　　B. 应用律

C. 失用律　　D. 效果律

2. 不直接观察被试心理活动的表现，而是通过其他有关材料，间接了解被试者的心理活动的研究方法是（　　）

A. 调查法　　B. 观察法

C. 实验法　　D. 测验法

3. 非正式的学生群体是（　　）

A. 班集体　　B. 共青团支部

C. 学习小组　　D. 团伙

4. 关于教师期望和教育效果关系的实验研究，是在 1968 年进行的，该实验的主持者是（　　）

A. 罗森塔尔　　B. 古德

C. 奥苏贝尔　　D. 史莫克

5. 现代教师发展的方向是（　　）

A. 学术化　　B. 现代化

C. 专业化和人性化　　D. 专家化

6. 教育的最终目标是（　　）

A. 以人为中心的发展　　B. 事业成功

C. 做“三好学生”　　D. 考上大学

7. 皮亚杰认为，2 至 7 岁的儿童认知发展处于（　　）

A. 思维准备阶段　　B. 思维阶段

C. 感觉运动阶段　　D. 抽象思维阶段

8. 经典性条件反射学习理论的提出者是心理学家（　　）

A. 巴甫洛夫　　B. 桑代克

C. 班杜拉　　D. 斯金纳

9. 一般认为，美国教育心理学家桑代克著《教育心理学》是教育心理学成为独立学科的开始，该书出版于（　　）

A. 1923 年　　B. 1913 年

C. 1903 年　　D. 1879 年

10. 艾宾浩斯的遗忘曲线揭示了遗忘的规律是（　　）

A. 先快后慢　　B. 先慢后快

C. 先后一致　　D. 先少后多

11. 迁移的形式训练说的心理学基础是（　　）

A. 人本主义　　B. 官能心理学

C. 行为主义　　D. 认知心理学

12. 难易不同的两种学习之间的相互影响是（　　）

A. 垂直迁移　　B. 水平迁移

C. 顺向迁移　　D. 逆向迁移

13. 能对有关知识进行分析概括，找出知识间的内在联系，这种理解是（　　）

A. 字面理解　　B. 解释的理解

C. 批判性的理解　　D. 创造性的理解

14. 寻求解决问题的可能方案，提出解决问题的策略，是问题解决阶段的（　　）

A. 分析问题阶段　　B. 提出假设阶段

C. 发现问题阶段　　D. 检验假设阶段

15. 在技能形成过程中，出现进步的暂时停顿现象，叫作（　　）

A. 高原现象　　B. 倒退现象

C. 抑制现象　　D. 顶峰现象

16. 一个学生感觉老师处事不公，为发泄敌意，不敢正面向老师提出，而老是在课堂上无理取闹，这是心理防御机制中的（　　）

A. 认同　　B. 移植

C. 投射　　D. 回归

17. 一般来说，认知风格中场依存性者更感兴趣的学科是（　　）

A. 文学　　B. 数学

C. 化学　　D. 物理

18. 心理学家吉尔福特最早关注的思维研究是（　　）

A. 求异思维　　B. 求同思维

C. 形象思维　　D. 抽象思维

19. 教学设计工作的中心是（　　）

A. 分析教学内容　　B. 设计教学策略

C. 分析教学对象　　D. 设计学习目标

20. 一个学生在多次进行某一测验时，如果得到的分数相近，说明该测验具有较高的（　　）

A. 效度　　B. 难度

C. 区分度　　D. 信度

得 分	评卷人	复查人

二、多项选择题（本大题共 5 小题，每小题 2 分，共 10 分）

在每小题列出的五个备选项中至少有两个是符合题目要求的，请将其代码填写在题后的括号内。错选、多选、少选或未选均无分。

21. 一个优秀学生集体的形成，一般要经过以下哪几个阶段？（　　）

A. 组成阶段　　B. 形核阶段

C. 形成阶段　　D. 发展阶段

E. 巩固阶段

22. 布鲁纳认为，要完成发现学习必须具备的条件是（　　）

A. 学生有相当知识与经验，能够进行选择性思维

B. 学习材料必须具备逻辑意义

C. 教师具有较高的知识和教学指导水平

D. 教材应该适合学生在课堂上完成再发现

E. 学生必须有发现的动机和态度

23. 对于各种特殊学生，在教学中应实施因材施教的策略，要做到（　　）

A. 复式教学　　B. 程序教学

C. 能力分班或分组　　D. 跳级

E. 留级

24. 学习评定中常见的教师心理误差是（　　）

A. 宽大效应　　B. 光环效应

C. 集中趋势　　D. 逻辑误差

E. 对比效应

25. 按照皮亚杰的认知发展分期理论，7 ~ 11 岁儿童认知有以下哪些特征？（　　）

A. 对同一问题，接受不同的观点

B. 能同时注意一个以上的因素

C. 从注意自己的身体到认识外界环境

D. 思考有不可逆性

E. 思考具有相当的弹性

第Ⅱ部分　非选择题（70分）

得 分	评卷人	复查人

三、名词解释题（本大题共5小题，每小题3分，共15分）

26. 狭义的学习

27. 教学目标

28. 技能

29. 禀赋优异儿童

30. 教学

得 分	评卷人	复查人

四、简答题（本大题共5小题，每小题6分，共30分）

31. 什么是“教师期望效应”？

32. 简述巩固和增加学生优良行为的心理学原则。

33. 简述良好的课堂管理的主要原则。

34. 柯尔伯格的道德发展阶段论对于学校德育工作有何启示？

35. 简述布鲁纳的教育目标观。

得 分	评卷人	复查人

五、论述题（本大题共 2 小题，第 36 小题 13 分，第 37 小题 12 分，共 25 分）

36. 请结合实际，试述在教学过程中应如何培养与激发学生的学习动机。

37. 结合实际，试述知识巩固的途径。

四川省高等教育自学考试
教育心理学　模拟试卷（十五）
参考答案

（课程代码　**02111**）

一、单项选择题

1. C　2. A　3. D　4. A　5. C　6. A　7. A　8. A　9. C
10. A　11. B　12. A　13. B　14. B　15. A　16. C　17. A　18. A
19. C　20. D

二、多项选择题

21. ABCD　22. ACDE　23. ABCDE　24. ABCDE　25. ABE

三、名词解释题

26. 狭义的学习：特指人类的学习。是在社会生活实践中，以语言为中介，自觉地、积极主动地掌握社会的和个体的经验的过程。

27. 教学目标：是对学习者通过教学以后将来能做什么的一种明确的、具体的表述。

认知结构：认知结构一般而论就是指头脑里的知识结构。

28. 技能：技能是通过练习而自动化了的动作方式或智力的活动方式。

29. 禀赋优异儿童：凡智力测验获得智商 140 分以上者，或在特殊性向测验有突出表现者，或在创造性能力测验得分超群者等，均可被认为是禀赋优异的儿童。

30. 教学：从心理学角度，可把教学看作是企求诱导学习的一种活动系统或工作制度。

四、简答题

31. 答：教师对学生的期望可以起一种潜移默化的作用，从而有助于学生学习的进步。同时，进一步研究发现，教师期望效应的大小受学生年龄的影响，一般年龄较小的学生更易受到期望的影响。

32. 答：

（1）尽量使已产生的行为定型或模式化；

（2）尽量设法强化这些行为；

（3）尽量引导这些行为：通过成功地接近策略，逐步使行为上升到原则的高度。

33. 答：（1）以积极的指导为主，以消极的管理为辅；

（2）培养良好行为于先，奖惩于管理之后；

（3）师生共同制定可能达成的行为标准及可能容忍的最大行为限度；

（4）采取民主式领导，培养学生群居共处的合作态度；

（5）改善处理问题行为的知能与技巧，以他律为始，以自律为终；

（6）减少造成不良行为的校内及校外刺激因素。

34. 答：（1）有效的道德教育或品德陶冶必须根据各时期道德观念发展的特征而实施；

（2）对早期儿童教条的说教，忽略儿童对权威的看法与对需欲的满足，很容易造成外表道貌岸然实则为功利而横行的现象；

（3）负责教养者应有亡羊补牢、为时未晚的认识，不能放弃任何一个阶段的教育。

35. 答：（1）学校应该鼓励学生们发现他们自己的猜测的价值和改进的可能性；

（2）应该是发展学生们运用“思想”解答问题的信心；

（3）培养学生的自我推进力，引导学生们独自运用各种题材；

（4）培养“经济地使用思想”的能力；

（5）发展理智上的忠诚。

五、论述题

36. 答：（1）加强学习目的教育，发挥目标激励作用；

（2）引起心理上的不确定性，激发学生的求知欲；

（3）通过获得成功的机会和体验，激发学生的学习动机；

（4）培养和激发学生的学习兴趣；

（5）利用学习反馈和学习评定；

（6）利用学习竞赛和奖惩激发学习动机；

（7）与学生签订学习协议；

（8）可选用一些能激发学生学习动机的技巧。

37.（1）提高学习的自觉性。

（2）提倡在理解的基础上记忆。

（3）动用记忆规律，使用合理的记忆方法。

（4）合理地组织复习。首先，根据遗忘先快后慢的规律，要科学分配复习时间，及时复习，经常复习，分散复习。其次，应根据材料的性质和数量合理安排复习。最后，应灵活运用多种复习的方法，包括反复阅读和尝试回忆相结合，多种分析器的协同活动，将学习材料归类，使之系统化等等。(结合教育实践论述)

第二部分
近年自考试题汇编

四川省2016年4月高等教育自学考试
教育心理学试卷

（课程代码　02111）

注意事项：

本试卷共8页，满分100分；考试时间150分钟。

总分		题号	一	二	三	四	五	六
核分人		题分	20	15	15	30	10	10
复查人		得分						

得分	评卷人	复查人

一、单项选择题（本大题共20小题，每小题1分，共20分）

在每小题列出的四个备选项中只有一个是符合题目要求的，请将其代码填写在题后的括号内。错选、多选或未选均无分。

1. 学校教育心理学中最重要、最核心的理论是（　　）

A. 智力理论　　B. 动机理论

C. 学习理论　　D. 认知理论

2. 布鲁纳的学习理论对美国、世界乃至中国学校教育的影响巨大。其代表作是（　　）

A.《教育目标分类》　　B.《教育过程》

C.《学习的条件》　　D.《教育心理学》

3. 下列选项中不属于课的三要素的是（　　）

A. 一段时间　　B. 教学内容

C. 教师和学生　　D. 师生相互作用

4. 学校教育对儿童心理发展起（　　）

A. 决定作用　　B. 次要作用

C. 一定的作用　　D. 主导作用

5. 根据柯拉斯沃等的分类法，情感的教学目标有五个方面，即接受、反应、评价、组织和（　　）

A. 价值的性格化　　B. 非言语交流

C. 理解　　D. 统合

6. 教学目标对教学行为具有“引火线”式的引发作用，表明教学目标具有（　　）

A. 聚合功能　　B. 导向功能

C. 激励功能　　D. 启动功能

7. 下列选项中**不属于**影响迁移与保持的认知结构的变量是（　　）

A. 可利用性　　B. 稳定性和清晰性

C. 特异性　　D. 可辨别性

8. 配置性评定一般是在（　　）

A. 教和学的过程中进行的　　B. 教学开始时进行的

C. 教学结束时进行的　　D. 未开始教学时进行的

9. 学生利用头脑中已经掌握的“钢笔”“铅笔”“毛笔”等概念，很容易学习“笔”的概念，这种同化模式属于（　　）

A. 上位学习　　B. 下位学习

C. 并列结合学习　　D. 发现学习

10. 寻找解决问题的方案，提出解决问题的策略，也就是根据一定的原则，采取一定的方法和途径去解决问题，这是解决问题历程中的（　　）

A. 发现问题　　B. 分析问题

C. 提出假设　　D. 检验假设

11. 加涅关于学习的八种阶梯类型中，最高层次的学习是（　　）

A. 刺激反应联结　　B. 信号学习

C. 概念学习　　D. 问题解决

12. 普遍认为，当今学习目标之父是（　　）

A. 泰勒　　B. 布鲁纳

C. 布鲁姆　　D. 班杜拉

13. 马斯洛的需要层次理论认为，人的最高层次的需要是（　　）

A. 生存需要　　B. 归属需要

C. 尊重需要　　D. 自我实现的需要

14. 垂直迁移和水平迁移分类的最初提出者是（　　）

A. 加涅　　B. 华生

C. 布鲁纳　　D. 斯金纳

15. 教师告诉学生学习结果，指出其正确和错误，这是教学活动中的（　　）

A. 及时反馈　　B. 延时反馈

C. 消极反馈　　D. 积极反馈

16. 学习是动物和人类生活中普遍存在的现象。学习是（　　）

A. 奖惩的结果

B. 接受讲述

C. 获得事实材料

D. 有机体适应环境的必要条件

17. 研究认知风格最著名的心理学家是（　　）

A. 西蒙　　B. 威特金

C. 苛勒　　D. 卡根

18. 学生对知识的理解可以由低到高分为四种，其中最低水平是（　　）

A. 解释的理解　　B. 字面的理解

C. 批判性理解　　D. 创造性理解

19. 学生在学习过程中形成的对待学习的比较稳定的反映倾向叫作（　　）

A. 学习目的　　B. 学习动机

C. 学习态度　　D. 学习兴趣

20. 一般而言，要使学习效率较高，动机应维持在（　　）

A. 较高水平　　B. 中等水平

C. 较低水平　　D. 很低水平

得 分	评卷人	复查人

二、名词解释题（本大题共 5 小题，每小题 3 分，共 15 分）

21. 发展

22. 教育目标

23. 正式学生群体

24. 高原现象

25. 教学设计

得 分	评卷人	复查人

三、判断改错题（本大题共 5 小题，每小题 3 分，共 15 分）

判断正误，在题后的括号内，正确的划上“√”，错误的划上“×”，并改正错误。

26. 张江河告诉老师，他有个哥哥叫张海洋。老师问张海洋有没有兄弟，张江河答“没有”。具有这一特征的儿童其认知发展处于思维准备阶段。（　　）

27. 斯金纳认为，学习是一个盲目的、渐进的、尝试与错误的过程。（　　）

28. 认知发现学习理论认为，学习是一个主动的认知过程，它包含几乎同时发生的三种过程，即原来知识的巩固，知识的转换，检查知识是否恰当和充实。（　　）

29. 威特金认为存在着两种不同的心理类型，即内倾和外倾的心理类型。（　　）

30. 学生学习的积极性可以从学生的注意状态、认知水平和意志状态三方面加以考察。（　　）

得 分	评卷人	复查人

四、简答题（本大题共5小题，每小题6分，共30分）

31. 简述教师角色。

32. 简述布鲁纳的教育目标观。

33. 简述人本主义心理学的教学原则。

34. 怎样合理地组织复习，才能收到良好的效果？

35. 影响学习迁移的主要因素是什么？

得 分	评卷人	复查人

五、分析题（本大题共 1 小题，10 分）

36. 一个儿童的认知具有以下特征：①思考具有相当的弹性；②思考可以逆转、矫正甚至重新开始；③能对一个以上的因素同时注意（例如物体的大小、形状、颜色、功用、方位等）；④对同一问题，接受不同的观点；⑤虽然能了解原则或规则，但应用原则时经常咬文嚼字（例如，儿童向父母坚持老师的提议或规定，“先写数学后写作文”，不肯改变）。请问这个儿童的认知发展处于哪一阶段，并概括这一阶段的主要特点。

得 分	评卷人	复查人

六、论述题（本大题共 1 小题，10 分）

37. 请结合实际，试述在教学过程中应如何培养学生的创造性思维。

四川省2016年4月高等教育自学考试
教育心理学试题参考答案

（课程代码　02111）

一、单项选择题

1. C	2. B	3. B	4. D	5. A	6. D	7. C	8. B	9. A
10. C	11. D	12. A	13. D	14. A	15. C	16. D	17. B	18. B
19. C	20. B							

二、名词解释题

21. 发展：是随着生理年龄的推移，经验和内部发展相互作用而在个体的整个体系内产生的机能构造上的变化过程。

22. 教育目标：也称行为目标，是对学习者通过受教育以后能做什么的一种明确的、具体的表述。

23. 正式学生群体：即根据上级正式文件或学校内部正式规定而建立的各种学生群体组织。

24. 高原现象：在技能形成过程中，一般在练习的中期，会出现进步的暂时停顿现象，这就是练习曲线上的所谓“高原期”。但在高原之后，又可看到曲线继续上升。

25. 教学设计：是一种实施教学系统方法的具体的可操作的程序。

三、判断改错题

26.（√）（3分）

27.（×）（1分）改为：桑代克认为，学习是一个盲目的、渐进的、尝试与错误的过程。（2分）

28.（×）（1分）改为：认知发现学习理论认为，学习是一个主动的认知过程，它包含几乎同时发生的三种过程，即新知识的获得，知识的转换，检查知识是否恰当和充实。（2分）

29.（×）（1分）改为：荣格认为存在着两种不同的心理类型，即内倾和外倾的心理类型。（2分）

30.（×）（1分）改为：学生学习的积极性可以从学生的注意状态、情绪状态和意志状态三方面加以考察。（2分）

四、简答题

31. 答：教师可能间断或同时地扮演着以下角色：

（1）教员，这是教师的中心角色；

（2）学生模仿的榜样；

（3）课堂的管理者；

（4）团队活动领导者；

（5）公共关系人员；

（6）学者与学习者；

（7）社会心理工作者和临床心理学家；

（8）父母等。

（1小点必答，其余任意答对五点均可，每答对一点给1分）

32. 答：

（1）学校应该鼓励学生们发现他们自己的猜测的价值和改进的可能性；

（2）发展学生们运用“思想”解答问题的信心；

（3）培养学生的自我推进力，引导学生们独自运用各种题材；

（4）培养“经济地使用思想”的能力；

（5）发展理智上的忠诚。（第一小点2分，其余每小点1分）

33. 答：（1）教学注重于情感发展而不是知识的获得；

（2）强调发展自我观念；

（3）强调交往；

（4）强调发展价值观。

（第（1）、（2）点各2分，第（3）、（4）点各1分）

34. 答：首先，根据遗忘先快后慢的规律，要科学分配复习时间，及时复习、经常复习、分散复习。其次，应根据材料的性质和数量合理安排复习。最后，要强调复习的效率和主动性，强调反复阅读和尝试回忆相结合。（每小点 2 分）

35. 答：（1）学习情境的相似性；

（2）学习材料的性质；

（3）学习活动的多样性；

（4）原学习的熟练和理解程度；

（5）年龄特征；

（6）智力水平。

（每小点 1 分）

五、分析题

36. 答：（1）这个儿童的认知发展处于思维阶段；（2 分）

（2）这一阶段的主要特点是：

A. 这一阶段的儿童已能将具体的经验或从具体事物所获得的心像作合乎逻辑的思考；也能开始操作事物的内在属性，并将他们转换成为更具选择性的讯息（2 分）

B. 儿童所使用的操作法为综合、逆溯与组成（2 分）

C. 虽然其运用思维时还局限于具体经验，但其思考逻辑已达到了相当复杂的程度。（2 分）

（论述 2 分）

六、论述题

37. 答：创造性思维是应用新的方案或程序，并创造了新的思维产品的思维活动。

一般说来，培养学生创造性思维，要注意以下问题：

（1）发展发散思维（1 分）

发散思维是创造性思维的主要成分，因而发展发散思维对培养创造性思维有重要作用。可以通过教学有意识地训练，发展学生思维的变通性、独特性和流畅性。（2 分）

（2）训练学生解决问题的各种技巧（1 分）

创造思维虽然同发散思维关系最为密切，但是也有赖于聚合思维训练学生解

决问题的各种技巧，就是要使他们能够正确地处理各种信息并进行正确的选择，以利于完成创造思维的整个过程。（1 分）

（3）培养学生创造性的个性（1 分）

富于创造性思维的学生不仅智力较高，而且有较强烈的求知欲和探究精神，且勤奋、自信和幽默。教师应保护和培养学生有利于发展创造性思维的个性，这对培养学生创造性思维有重要意义。（2 分）

（4）尊重学生的思维结果，容许不同意见的存在（1 分）

教师对于学生的思维过程及结果，哪怕是“不合常规”，也要尊重，避免立即否定或嘲讽。应允许学生“标新立异”，避免事事苛求一致，要求整齐划一常常阻碍学生创造性思维的发展。（1 分）

四川省2016年10月高等教育自学考试教育心理学试卷

(课程代码　02111)

注意事项：

本试卷共8页，满分100分；考试时间150分钟。

总分		题号	一	二	三	四	五
核分人		题分	20	18	36	12	14
复查人		得分					

得 分	评卷人	复查人

一、单项选择题（本大题共20小题，每小题1分，共20分）

在每小题列出的四个备选项中只有一个是符合题目要求的，请将其代码填写在题后的括号内。错选、多选或未选均无分。

1. 在教育心理学的研究中，通过其他有关材料，间接了解被试心理活动的方法是（　　）

A. 观察法　　B. 实验法

C. 调查法　　D. 临床个案法

2. 课堂交往的性质是（　　）

A. 非正式交往　　B. 正式交往

C. 同辈交往　　D. “一对一”交往

3. 教育的最终目标是（　　）

A. 以人为中心的发展　　B. 事业成功

C. 做“三好学生” D. 考上大学

4. 根据布鲁姆的分类法，认知教学目标有六项，即知识、理解、应用、分析、统合和（ ）

A. 接受 B. 评审

C. 反应 D. 组织

5. 按照皮亚杰的认知发展分期的理论，11 至 15 岁儿童的处于（ ）

A. 感觉运动阶段 B. 思维准备阶段

C. 思维阶段 D. 抽象思维阶段

6. 《儿童的道德判断》一书对科尔伯格的道德发展理论产生了重大影响，此书的作者是（ ）

A. 桑代克 B. 布鲁纳

C. 斯金纳 D. 皮亚杰

7. 学习是动物和人类生活中普遍存在的现象。学习是（ ）

A. 接受讲述 B. 奖惩的结果

C. 获得事实材料 D. 有机体适应环境的必要条件

8. 班杜拉的社会学习理论最突出的特点是（ ）

A. 强调模仿 B. 强调行动

C. 强调思维 D. 强调观察式学习和符号强化

9. 短时记忆的容量有限，一般来说，其容量的组块数是（ ）

A. 3~6 B. 4~7

C. 5~9 D. 6~10

10. 提出动机性遗忘理论的心理学家是（ ）

A. 弗洛伊德 B. 罗杰斯

C. 布鲁纳 D. 斯金纳

11. 生活中我们有时会看到，一些常受人欺负者反而会以强者自居，这种心理防御机制称为（ ）

A. 移植 B. 投射

C. 回归 D. 认同

12. 发散思维的三项特征是（ ）

A. 变通性、灵活性和流畅性 B. 间接性、独特性和流畅性

C. 概括性、间接性和变通性 D. 变通性、独特性和流畅性

13. 教师告诉学生学习结果，指出其正确和错误，这是教学活动中的（　　）

A. 及时反馈　　B. 延时反馈

C. 消极反馈　　D. 积极反馈

14. 有的学生愿意为他所喜欢的老师而努力学习，有的学生会因为不喜欢的老师而放弃学习，这是受下列哪一因素的影响？（　　）

A. 认知动机　　B. 学习兴趣

C. 成就动机　　D. 交往动机

15. 个别教学系统，也称 PSI 系统，它可用于一门完整的课程，其开发者是（　　）

A. 加涅　　B. 布里格斯

C. 凯勒　　D. 波斯尔斯韦特

16. 一般来说，认知风格中场依存性者更感兴趣的学科是（　　）

A. 文学　　B. 数学

C. 生物学　　D. 天文学

17. 教学设计的开始环节为（　　）

A. 教学内容分析　　B. 教学对象分析

C. 学习目标编写　　D. 学习需要分析

18. 教学设计的应用分为（　　）

A. 主动和被动的不同层次　　B. 积极和消极的不同层次

C. 宏观和微观的不同层次　　D. 正确和错误的不同层次

19. 在教和学的过程中进行的，其目的是了解教学结果，探究教学中所存在的问题和缺陷，以便对教学工作进行调整。基于这一目的进行的评定是（　　）

A. 配置性评定　　B. 形成性评定

C. 总结性评定　　D. 论文式评定

20. 斯坦福-比奈测验是（　　）

A. 智力测验　　B. 人格测验

C. 兴趣测验　　D. 人际关系测验

得 分	评卷人	复查人

二、判断改错题（本大题共6小题，每小题3分，共18分）

判断下列各题划线处的正误，在题后的括号内，正确的划上“√”，错误的划上“×”，并改正错误。

21. 发现学习就是符号所代表的新知识与学生认知结构中已有的知识之间建立了非人为性的、实质性的联系的过程。（ ）

22. 学校教育心理学以教师的教学过程的研究为核心。（ ）

23. 教师对学生的期望可以起一种潜移默化的作用，从而有助于学生学习的进步，这就是教师期望效应。（ ）

24. 个体的发展是从身体的中心部向末梢部进行的，这一发展特点称为头—尾梯度。 （ ）

25. 技能是通过练习而自动化了的动作方式或智力的活动方式。 （ ）

26. 效度是反映测验分数的稳定性和可靠性的指标，是指测量的前后一致性程度。 （ ）

得 分	评卷人	复查人

三、简答题（本大题共6小题，每小题6分，共36分）

27. 简述建立良好师生关系的心理学原则。

28. 怎样培养学生的观察力？

29. 简述教学目标的选择标准。

30. 简述解决问题的历程。

31. 简述制约儿童心理发展的因素。

32. 简述克服遗忘的传统策略。

得 分	评卷人	复查人

四、论述题（本大题共 1 小题，12 分）

33. 结合实际试述教学中如何促进知识的理解。

得 分	评卷人	复查人

五、分析说明题（本大题共 1 小题，14 分）

34. 在学习迁移的研究中，研究者让被试者在两张纸中的一张上找到能吃的食物。一张纸是浅灰色，一张纸是深灰色，食物总是放在深灰色纸上，不断重复的结果是被试者只选择深灰色的纸。当这一训练完全形成后，研究者用更深的灰色纸和深灰色纸再次重复实验。

（1）请问在更深灰色与深灰色之间，被试者会选择哪个去寻找食物？为什么？

（2）这个实验仅仅是迁移研究的一个方面，请评述主要的迁移理论。

四川省 2016 年 10 月高等教育自学考试教育心理学试题参考答案

（课程代码　**02111**）

一、单项选择题

1. C　2. B　3. A　4. B　5. D　6. D　7. D　8. D　9. C
10. A　11. D　12. D　13. C　14. D　15. C　16. A　17. D　18. C
19. B　20. A

二、判断改错题

21. ×（1 分）改为：有意义学习（2 分）

22. ×（1 分）改为：学生的学习过程（2 分）

23. √（3 分）

24. ×（1 分）改为：近末梢梯度（2 分）

25. √（3 分）

26. ×（1 分）改为：信度（2 分）

三、简答题

27. 答：（1）不要把教师的需要解释为学生的需要，不要把教师的焦虑和不良情绪转移给学生，防止对学生的偏见。

（2）创造安全而温暖的课堂气氛。

（3）正常的师生关系要有分寸，应以公认的渠道为限。

（每小点 2 分）

28. 答：（1）必须提出明确而具体的目的、任务；

（2）在观察前要做好有关知识的充分准备，并订出周密的计划；

（3）有计划有系统地训练学生的观察技能和方法；

（4）启发学生观察的主动性，养成勤于观察的好习惯；

（5）利用一切机会，让学生参加多种实践活动；

（6）指导学生做好观察的记录，对观察的结果进行整理和总结。

（每小点1分，共6分）

29. 答：教学目标选择的标准有：价值性标准、可能性标准、低耗性标准、丰富性标准、就高性标准。

（答对一点给2分，两点给3分，三点给4分，四点给5分，五点给6分）

30. 答：发现问题、分析问题、提出假设、检验假设。

（每答对一点给1.5分，四点共6分）

31. 答：制约儿童心理发展的因素有遗传与环境、成熟与学习、社会环境因素、学校教育因素、主观能动因素等。

（答对一点给2分，两点给3分，三点给4分，四点给5分，五点给6分）

32. 答：（1）注意营养与健康，防止大脑创伤和心理障碍；

（2）加强记忆信心，提供愉快的学习经验；

（3）提倡理解基础上的记忆，使用合理的记忆方法；

（4）合理地组织复习；

（5）过度学习；

（6）适当采用记忆术。

（每小点1分，共6分）

四、论述题

33. 答：（1）通过直观教学，提供丰富的感性材料；

（2）引导学生积极思维，提供概括水平；

（3）利用变式与比较突出事物的本质特征；

（4）通过语言明确揭示概念和原理的内容；

（5）使知识具体化，通过运用加深理解；

（6）使知识系统化，进一步理解教材；

（7）指导学生自学；

（8）根据学生的年龄特点区别进行指导。

（每小点1分，论述4分）

五、分析说明题

34. 答：被试者会选择更深灰色。这是格式塔心理学对迁移现象研究中的一个经典实验。格式塔心理学认为，迁移之所以能发生，是因为被试者顿悟了情境中事物的关系。在这里，学习者是将两张纸作为整体，两者中颜色较深的能获得食物，所以当新刺激出现后，自然也会选择颜色较深者。（4 分）

主要的迁移理论还有：形式训练学说、共同要素论、概括化理论、关系理论。（1 分）

形式训练学说是对于学习迁移现象最早的系统解释。其心理学基础是官能心理学。形式训练学说主张迁移要经历一个“形式训练”的过程才能产生，所以他们把训练和改进心理的各种官能，作为教学的重要目标。（3 分）

共同要素论是桑代克在 1913 年以实验驳斥形式训练学说的谬误，并从中归纳出共同要素来解释正迁移的原因。共同要素论认为，一种学习之所以能促进另一种学习，是因为两种学习具有完全相同的共同要素；学习迁移的产生与共同要素关系密切，且大致成正比。（3 分）

概括化理论是贾德通过实验提出的迁移理论，该理论认为，只要一个人对他的经验进行了概括，那么从一个情境到另一个情境的迁移就可以完成。概括化理论倾向于把两个情境的共同要素的重要性降到最低，而强调经验概括的重要性。（3 分）

四川省2017年1月高等教育自学考试 教育心理学试卷

（课程代码 02111）

注意事项：

本试卷分为两部分，满分100分，考试时间150分钟。

第一部分为选择题，1页至3页，共3页。应考者必须按试题顺序在“答题卡”上按要求填涂，答在试卷上无效。

第二部分为非选择题，3页至4页，共2页。应考者必须按试题顺序在“答题卡”上作答，答在试卷上无效。

第一部分 选择题（共20分）

一、单项选择题（本大题共20小题，每小题1分，共20分）

在每小题列出的四个备选项中只有一个是符合题目要求的，请将其选出并将“答题卡”的相应代码涂黑。错涂、多涂或未涂均无分。

1. 一般认为，教育心理学成为独立学科是从1903年《教育心理学》的出版开始，该书的作者是（　　）

A. 詹姆士　　B. 桑代克

C. 斯金纳　　D. 布鲁纳

2. 加涅提出了“指导学习”的理论，他的代表作是（　　）

A.《教育目标分类》　　B.《教育过程》

C.《学习的条件》　　D.《教育心理学》

3. 一个优秀学生班集体的形成，一般要经过四个过程，不属于这一过程的是

（　　）

A. 组建阶段　　B. 形核阶段

C. 形成阶段　　D. 巩固阶段

4. 提出了心理社会发展理论的心理学家是（　　）

A. 皮亚杰　　B. 布鲁纳

C. 艾里克森　　D. 柯尔伯格

5. 学习的意义表现在（　　）

A. 促进心理的成熟与发展　　B. 获得好的成绩

C. 适应社会发展　　D. 个体生活的需要

6. 皮亚杰认为，人从其生物方面继承了（　　）

A. 组织和适应的特性　　B. 思维和行动的特性

C. 操作和处理的特性　　D. 领导和被领导的特性

7. 一些学生常在经过艰苦复习通过考试后立即忘掉了所学内容，这是因为，他们想尽快摆脱伴随这些内容的令人不快的情绪。这种遗忘是（　　）

A. 消退性遗忘　　B. 干扰性遗忘

C. 抑制性遗忘　　D. 动机性遗忘

8. 总结性评定一般是在（　　）

A. 教和学的过程中进行的　　B. 教学开始时进行的

C. 教学结束时进行的　　D. 未开始教学时进行的

9. 学生利用头脑中已经掌握的“笔”的概念来学习“钢笔”的概念，这种同化模式属于（　　）

A. 上位学习　　B. 下位学习

C. 并列结合学习　　D. 发现学习

10. 找出问题的要求与条件，找出它们的联系和关系，揭露问题的条件与要求的内在联系，寻找解决问题的方向，这是解决问题阶段中的（　　）

A. 发现问题　　B. 分析问题

C. 提出假设　　D. 检验假设

11. 与发散思维对立的是（　　）

A. 形象思维　　B. 抽象思维

C. 创造思维　　D. 聚合思维

12. 一般来说，认知风格中场独立性者更感兴趣的学科是（　　）

A. 文学　　B. 数学

C. 历史　　D. 法律

13. 智力技能形成的最初阶段是（　　）

A. 物质活动与物质化活动　　B. 活动定向

C. 有声的外部言语　　D. 无声的外部言语

14. 迁移的形式训练说的心理学基础是（　　）

A. 人本主义心理学　　B. 官能心理学

C. 行为主义心理学　　D. 认知心理学

15. 有的学生愿意为他所喜欢的老师而努力学习，有的学生不愿意为他所不喜欢的老师而努力学习，产生这种状况的主要因素是（　　）

A. 认知动机　　B. 学习兴趣

C. 成就动机　　D. 交往动机

16. 发散思维的三项特征是（　　）

A. 变通性、灵活性和流畅性　　B. 间接性、独特性和流畅性

C. 概括性、间接性和变通性　　D. 变通性、独特性和流畅性

17. 马斯洛的需要层次理论认为，人的最低层次的需要是（　　）

A. 生存需要　　B. 归属需要

C. 尊重需要　　D. 自我实现的需要

18. 学生对知识的理解可以由低到高分为四种，其中最高水平是（　　）

A. 解释的理解　　B. 字面的理解

C. 批判性理解　　D. 创造性理解

19. 场依存与场独立属于（　　）

A. 认知策略范畴　　B. 认知风格范畴

C. 认知能力范畴　　D. 认知过程范畴

20. 在师生的人际关系中，（　　）

A. 学生是较主动的一方　　B. 师生主动性相同

C. 师生均无主动性　　D. 教师是较为主动一方

第二部分 非选择题（共 80 分）

二、名词解释题（本大题共 5 小题，每小题 3 分，共 15 分）

21. 头—尾梯度

22. 有意义学习

23. 教学

24. 焦虑

25. 认知风格

三、判断改错题（本大题共5小题，每小题3分，共15分）

判断下列各题的正误，在“答题卡”的试题序号后，正确的划上“√”；错误的划上“×”，并改正错误。

26. 将液体自高而窄的玻璃杯倒入短而宽的玻璃杯里时，儿童认为液体变少了。具有这一特征的儿童其认知发展处于思维准备阶段。（　　）

27. 桑代克根据其研究，提出了三条基本的学习规律：差异律、活动律和组合律。（　　）

28. 认知发现学习理论提倡早期教育，认为“任何学科都能够用某种正确的和有效的形式教给任何年龄的任何人”。（　　）

29. 一个 30 人的班级中，学生在一次语文考试时通过第 3 题的人数为 21 人，该题的难度系数为 0. 7。（　　）

30. 在课堂教学的组织形式研究中，班杜拉把教学组织形式分成集体授课和个别化教学。（　　）

四、简答题（本大题共 5 小题，每小题 6 分，共 30 分）

31. 教师为什么要学习教育心理学?

32. 怎样培养学生的观察力？

33. 简述人本主义心理学的教学目标。

34. 学生创造性思维的培养可以从哪些方面着手？

35. 简述如何促进学习迁移。

五、分析题（本大题共 1 小题，10 分）

36. 心理学家罗森塔尔和贾可布森作过这样一个研究：他们告诉一所小学的教师，他们学生中的某些人经过一个特定测验被划定为“即将绽开的花朵”，具有在不久的将来产生“学习冲刺”的潜力。然而，这些小学教师和学生并不知道，“即将绽放的花朵”的选择是随意进行的。经过一个学年，期末测验的结果显示，“即将绽放的花朵”所获得的分数比一般学生的分数要高得多。差异在小学一年级和二年级中特别显著。为什么会有这样的变化，这样的结果说明了什么问题？

六、论述题（本大题共 1 小题，10 分）

37. 试述布鲁纳认知发现学习理论的主要内容。

四川省 2017 年 1 月高等教育自学考试教育心理学试题参考答案

（课程代码 02111）

一、单项选择题

1. B　2. C　3. D　4. C　5. A　6. A　7. D　8. C　9. B
10. C　11. D　12. B　13. B　14. B　15. D　16. D　17. A　18. D
19. B　20. D

二、名词解释题

21. 头—尾梯度：人的发展从控制靠近头部的运动向着控制更远的脚部，这一进展的方向称作头—尾梯度。

22. 有意义学习：有意义学习就是符号所代表的新知识与学生认知结构中已有的适当知识建立非人为（非任意的）实质性的（非字面的）联系的过程。

23. 教学：是企求诱导学习的一种活动系统或工作制度。

24. 焦虑：个人的动机性行为遇到实际的或臆想的挫折而产生的消极不安的情绪体验状态。

25. 认知风格：学生在加工信息（包括接受、贮存、转化、提取使用信息）时习惯采用的不同方式。

三、判断改错题（本大题共 5 小题，每小题 3 分，共 15 分）

26. （√）（3 分）

27. （×）（1 分）改为：桑代克根据其研究，提出了三条基本的学习规律：即准备律、练习律、效果律。（2 分）

28. （√）（3 分）

29. （√）（3 分）

30. （×）（1 分）改为：在课堂教学的组织形式研究中，加涅和布里格斯把教学组织形式分成集体授课和个别化教学。（2 分）

四、简答题

31. 答：（1）增加对学校教育过程和学生过程的理解；

（2）教育心理学知识是所有教师的专业基础；

（3）有助于科学地总结教育教学经验；

（4）提供了学校教育、教学改革和研究的理论和方法基础。

（第 1、2 小点各 2 分，第 3、4 小点各 1 分）

32. 答：（1）必须提出明确而具体的目的、任务；

（2）在观察前要做好有关知识的充分准备，并订出周密的计划；

（3）有计划有系统地训练学生的观察技能和方法；

（4）启发学生观察的主动性，养成勤于观察的好习惯；

（5）利用一切机会，让学生参加多种实践活动；

（6）指导学生作好观察的记录，对观察的结果进行整理和总结。

（每小点 1 分）

33. 答：（1）增加学生的自我意识和独立性；

（2）帮助学生为自己的学习负责；

（3）增加创造性；

（4）发展对艺术的兴趣；

（5）增强好奇心。

（第 1 小点 2 分，其余每小点 1 分）

34. 答：（1）发展发散思维；

（2）训练学生解决问题的各种技巧；

（3）培养学生创造性的个性；

（4）尊重学生的思维结果，容许不同意见的存在。

（第 1、2 小点各 2 分，第 3、4 小点各 1 分）

35. 答：（1）合理的安排课程与组织教材；

（2）提高概括水平，强调理解；

（3）课内和课外练习配合，提供应用机会；

（4）提供学习方法的指导；

（5）培养良好的心理准备状态。

（第 1 小点 2 分，其余各点 1 分）

五、分析题

36. 答：（1）这是教师期望效应的影响。教师对学生的期望可以起一种潜移默化的作用，从而有助于学生学习的进步，这就是教师期望效应。

（2）教师期望效应的大小受学生年龄的影响，一般年龄较小的学生更易受到期望的影响。

（3）教师应该坚定地相信学生，相信学生一定能学好。

（4）学生之间、教师之间、家长与子女之间都存在着类似的相互期望。

（每小点 2 分，论述 2 分）

六、论述题

37. 答：（1）认为学习是一个主动的认知过程。布鲁纳认为学习包含几乎同时发生的三种过程，即新知识的获得，知识的转换，检查知识是否恰当和充实。

（2）对儿童心理发展实质的看法。布鲁纳认为，儿童心理发展经历了从依赖刺激到减少对刺激依赖的过程。

（3）重视学习过程。

（4）强调形成学习结构。

（5）强调直觉思维的重要性。

（6）强调内部动机的重要性。

（7）强调基础学科早期学习。布鲁纳认为，“任何学科都能够用某种正确的和有用的形式教给任何年龄的任何人”。

（8）强调信息提取。

（9）提倡发现学习。

（每小点 1 分，论述 1 分）

四川省2017年10月高等教育自学考试教育心理学试卷

（课程代码　02111）

注意事项：

1. 本试卷分为两部分，第一部分为选择题，第二部分为非选择题。

2. 应考者必须按试题顺序在答题卡指定位置上作答，答在试卷上无效。

3. 涂写部分、画图部分必须使用2B铅笔，书写部分必须使用黑色字迹签字笔。

第一部分　选择题

一、单项选择题：

本大题共20小题，每小题1分，共20分。在每小题列出的备选项中只有一项是最符合题目要求的，请将其选出。

1. 有目的地严格控制或创设一定条件，人为地引起或改变某种心理现象并加以记录的心理学研究方法，叫作（　　）

A. 观察法　　B. 调查法

C. 实验法　　D. 教育经验总结法

2. 在师生的人际关系中（　　）

A. 学生是较主动的一方　　B. 师生主动性相同

C. 师生均无主动性　　D. 教师是较为主动一方

3. 现代教师发展的方向是（　　）

A. 学术化　　B. 现代化

C. 专业化和人性化　　D. 专家化

4. 根据柯拉斯沃等的分类法，情感的教学目标有五个，即接受、反应、评价、组织和（　　）

A. 价值的性格化　　B. 非言语交流

C. 理解　　D. 统合

5. 皮亚杰认为，2 至 7 岁的儿童认知发展处于（　　）

A. 思维准备阶段　　B. 思维阶段

C. 感觉运动阶段　　D. 抽象思维阶段

6.《儿童的道德判断》一书对科尔伯格的道德发展理论产生了重大影响，此书的作者是（　　）

A. 桑代克　　B. 布鲁纳

C. 斯金纳　　D. 皮亚杰

7. “一个已经形成的可以改变的联结，如不应用，就会使这个联结减弱。”桑代克把这称为（　　）

A. 准备律　　B. 应用律

C. 失用律　　D. 效果律

8. 学习的意义是（　　）

A. 促进心理的成熟与发展　　B. 获得好的成绩

C. 适应社会发展　　D. 个体生活的需要

9. “举一反三”“触类旁通”，这种现象属于（　　）

A. 原型启发　　B. 学习迁移

C. 定势　　D. 变式

10. 最早提出迁移概念的心理学家是（　　）

A. 桑代克　　B. 华生

C. 布鲁纳　　D. 斯金纳

11. 一个人把对某人的感情转移到另一个人身上的心理现象，叫（　　）

A. 认同　　B. 回归

C. 投射　　D. 移植

12. 在技能形成过程中，出现进步的暂时停顿现象，这叫作（　　）

A. 高原现象　　B. 倒退现象

C. 抑制现象　　D. 顶峰现象

13. 无意注意与有意注意是（　　）

A. 没有关系的　　B. 不能转化的

C. 可以转化的　　D. 没有区别的

14. 下列选项中，不属于成就动机源泉的需要是（　　）

A. 认知需要　　B. 交往需要

C. 自我提高的需要　　D. 学习过程派生的附属需要

15. 研究表明，在学习中一般易受外界环境影响的个体在认知风格上属于（　　）

A. 场独立型　　B. 独依存型

C. 冲动型　　D. 反省型

16. 心理学家吉尔福特最早关注的思维研究是（　　）

A. 求异思维　　B. 求同思维

C. 形象思维　　D. 抽象思维

17. 群体在共同活动中表现出来的占优势的比较稳定的情绪状态，称为（　　）

A. 心理状态　　B. 心理气氛

C. 群体规范　　D. 群体舆论

18. 教学设计工作的特点是（　　）

A. 系统性、具体性、灵活性　　B. 准备性、练习性、效果性

C. 真实性、可靠性、有效性　　D. 流畅性、变通性、独特性

19. 一个学生在多次进行某一测验时，如果得到的分数相近，说明该测验具有较高的（　　）

A. 效度　　B. 难度

C. 区分度　　D. 信度

20. 斯坦福-比奈测验是（　　）

A. 智力测验　　B. 人格测验

C. 兴趣测验　　D. 人际关系测验

第二部分　非选择题

二、判断改错题：

本大题共6小题，每小题3分，共18分。判断下列各题划线处的正误，在“答题卡”的试题序号后，正确的划上“√”；错误的划上“×”，并改正错误。

21. 奥苏贝尔认为，学生学习的主要方式应是发现学习。

22. 教育心理学研究的是学校情境中的学与教的基本心理规律。

23. 正式学生群体也称为学生集体。

24. 个体的发展是首先能控制靠近头部的运动、然后能控制躯体的运动、最后才能控制更远的脚部的运动。这一发展特点称为近末梢梯度。

25. 阅读、心算技能属于动作技能。

26. 形成性评定即是我们平常所说的摸底测验。

三、简答题：

本大题共6小题，每小题6分，共36分。

27. 简述人本主义心理学的教学原则。

28. 简述影响学习迁移的因素。

29. 简述布鲁姆的认知教学目标分类。

30. 简述影响问题解决的心理因素。

31. 为什么说学校教育对儿童心理发展起主导作用?

32. 如何合理地组织复习？

四、论述题：

本大题共 1 小题，12 分。

33. 请结合实际，试述在教学过程中应如何培养与激发学生的学习动机？

五、分析说明题：

本大题共 1 小题，14 分。

34. 心理学家罗森塔尔和贾可布森作过这样一个研究：他们告诉一所小学的教师，他们学生中的某些人经过一个特定测验被划定为“即将绽开的花朵”，具有在不久的将来产生“学习冲刺”的潜力。然而，这些小学教师和学生并不知道，“即将绽放的花朵”的选择是随机进行的。经过一个学年的学习，期末测验的结果显示，“即将绽放的花朵”所获得的分数比一般学生的分数要高得多。差异在小学一年级和二年级中特别显著。为什么会有这样的变化，这样的结果说明了什么问题？

四川省2017年10月高等教育自学考试教育心理学试题参考答案

（课程代码 **02111**）

一、单项选择题

1. C　2. D　3. C　4. A　5. A　6. D　7. C　8. A　9. B
10. A　11. D　12. A　13. C　14. B　15. B　16. A　17. B　18. A
19. D　20. A

二、判断改错题

21. ×（1分）改为：接受学习（2分）
22. √（3分）
23. √（3分）
24. ×（3分）改为：头—尾梯度（2分）
25. ×（1分）改为：智力技能（2分）
26. ×（1分）改为：配置性评定（2分）

三、简答题

27. 答：（1）教学更注重于情感发展而不是知识的获得；
（2）强调发展自我概念；
（3）强调交往；
（4）强调发展价值观。
（每答对一点给1.5分，共6分）
28. 答：（1）学习情境的相似性；
（2）学习材料的性质；

（3）学习活动的多样性；

（4）原学习的熟练和理解程度；

（5）年龄特征；

（6）智力水平。

（每答对一点给 1 分，共 6 分）

29. 答：（1）知识；

（2）理解；

（3）应用；

（4）分析；

（5）统合；

（6）评审。

（每答对一点给 1 分，共 6 分）

30. 答：（1）学生已有的知识经验；

（2）能否正确地选择和组合有关原理原则；

（3）言语的指导；

（4）学生解决问题能力的个别差异。

（每答对一点给 1.5 分，共 6 分）

31. 答：（1）学校教育能充分利用儿童的遗传素质，对其心理发展施加积极影响；

（2）学校教育和社会生活环境对儿童心理发展的影响是有选择性的；

（3）学校教育能影响儿童心理发展的方向和水平。

（每答对一点给 2 分，共 6 分）

32. 答：首先，根据遗忘先快后慢的规律，要科学分配复习时间，及时复习，经常复习，分散复习。其次，应根据材料的性质和数量合理安排复习。最后，要强调复习的效率和主动性，强调反复阅读和尝试回忆相结合。

（每小点 2 分）

四、论述题

33. 答：（1）加强学习目的教育，发挥目标的激励作用。

（2）引起心理上的不确定性，激发学生的求知欲。

（3）通过获得成功的机会和体验，激发学生的学习动机。

（4）培养和激发学生的学习兴趣。

（5）利用学习反馈和学习评定激发学习动机。

（6）利用学习竞赛和奖惩激发学习动机。

（7）与学生签订学习协议。

（8）可选用一些激发学生学习动机的技巧。

（每小点 1 分，论述 4 分）

五、分析说明题

34. 答:（1）这是教师期望效应的影响。教师对学生的期望可以起一种潜移默化的作用，从而有助于学生学习的进步，这就是教师期望效应。(4 分)

（2）教师期望效应的大小受学生年龄的影响，一般年龄较小的学生更易受到期望的影响。(2 分)

（3）教师应该坚定地相信学生，相信学生一定能学好。(2 分)

（4）学生之间、教师之间、家长与子女之间都存在着类似的相互期望。(2 分)

（论述 4 分）

四川省 2018 年 1 月高等教育自学考试 教育心理学试卷

（课程代码　02111）

注意事项：

1. 本试卷分为两部分，第一部分为选择题，第二部分为非选择题。

2. 应考者必须按试题顺序在答题卡指定位置上作答，答在试卷上无效。

3. 涂写部分、画图部分必须使用 2B 铅笔，书写部分必须使用黑色字迹签字笔。

第一部分　选择题

一、单项选择题：

本大题共 20 小题，每小题 1 分，共 20 分。在每小题列出的备选项中只有一项是最符合题目要求的，请将其选出。

1. 提出有意义言语学习理论的代表人物是（　　）

A. 杜威　　B. 罗杰斯

C. 加涅　　D. 奥苏贝尔

2. 下列属于教师的中心角色的是（　　）

A. 教员　　B. 榜样

C. 管理者　　D. 学习者

3. 根据埃里克森的心理社会发展阶段理论，12～18 岁阶段的心理社会危机是（　　）

A. 主动对内疚　　B. 勤奋对自卑

C. 同一性对角色混乱　　D. 创造性对自我否定

4. 刺激—反应的联结学习理论最初的代表人物是（　　）

A. 巴甫洛夫　　B. 桑代克

C. 斯金纳　　D. 华生

5. 下列不属于布鲁纳认知发现学习理论观点的是（　　）

A. 强调直觉思维的重要性　　B. 重视学习结果

C. 强调形成学习结构　　D. 提倡发现学习

6. 根据信息加工理论，具有加工信息、组织信息以便储存或遗弃、把以前的信息与其他信息联系起来的功能，能将有限的信息保持约 15~30 秒的学习阶段是（　　）

A. 感觉登记　　B. 瞬时记忆

C. 短时记忆　　D. 长时记忆

7. 动作技能的最终形成和熟练阶段是（　　）

A. 认知阶段　　B. 定向阶段

C. 初步掌握完整动作阶段　　D. 动作协调和完善阶段

8. 下列不属于发散思维的特征的是（　　）

A. 严谨性　　B. 变通性

C. 独创性　　D. 流畅性

9. 教师通过生动形象的讲解、描绘或举例，使学生在头脑里形成有关事物的表象，从而获得感性知识的直观教学属于（　　）

A. 实物直观　　B. 模象直观

C. 语言直观　　D. 肢体直观

10. 学生在学习正方形、长方形、等腰三角形时已经形成了轴对称图形的概念，后来学习圆时，发现圆具有轴对称图形的一切特征，因而在其原有认知结构中增加了“圆也是轴对称图形”这一知识点，实现了认知结构的扩充。根据奥苏贝尔的理论，这种学习属于（　　）

A. 顺应学习　　B. 上位学习

C. 下位学习　　D. 并列结合学习

11. 下列属于场独立性者特征的是（　　）

A. 对人文学科和社会学科更感兴趣

B. 容易接受别人的暗示

C. 在职业选择上比较喜欢从事与人的活动有关的工作

D. 在内在动机作用下学习会产生较好的学习效果

12. 指测验题目对考生水平鉴别能力的测验指标是（　　）

A. 效度　　B. 信度

C. 难度　　D. 区分度

13. 将答案的定序尺度用标线的方法提出来，回答者可在标线的任何一点上划上标记以表示自己的评定的评定量表类型是（　　）

A. 图示量表　　B. 形容词量表

C. 数值量表　　D. 行为量表

14. 布鲁姆的教育目标分类学不包括（　　）

A. 认知领域目标　　B. 情感领域目标

C. 过程领域目标　　D. 心因动作领域目标

15. 从心理学角度分析，教师对学生的期望可以起到一种潜移默化的作用，从而有助于学生学习的进步。教师期望的这种效应也称作（　　）

A. 首因效应　　B. 蝴蝶效应

C. 晕轮效应　　D. 罗森塔尔效应

16. 下列不属于禀赋优异儿童的教育策略的是（　　）

A. 加速制教学策略　　B. 充实制教学策略

C. 特殊班级制教学策略　　D. 固定班级制教学策略

17. 对学习者通过教学以后将能做什么的一种明确的、具体的表述的教学目标是（　　）

A. 普遍性目标　　B. 行为目标

C. 生成性目标　　D. 表现性目标

18. 随着发展的进行，儿童碰到以往熟悉的情境，会综合地调动以往的经验、对未来的预测、他人的评价与期待、对自身的评价等等，采取适合情况的动作而不至于紊乱。这说明了发展具有（　　）

A. 综合的分化　　B. 平衡化

C. 概念化　　D. 个性化

19. 课是教学的一个基本单位。下列不属于课的三个要素的是（　　）

A. 教学方法　　B. 一段时间

C. 教师和学生　　D. 师生相互作用

20. 著名的格塞尔双生子爬梯实验说明了哪个因素对人的发展的影响作用?（　　）

A. 遗传　　B. 成熟

C. 环境　　D. 主观能动性

第二部分　非选择题

二、名词解释题： 本大题共5小题，每小题2分，共10分。

21. 临床个案法

22. 学习困难儿童

23. 态度

24. 课堂心理气氛

25. 自陈人格测验

三、判断改错题：

本大题共 5 小题，每小题 4 分，共 20 分。判断下列各题划线处的正误，在“答题卡”的试题序号后，正确的划上“√”；错误的划上“×”，并改正错误。

26. 教育的最终目标是提高教学质量。（　　）

27. 科尔伯格的道德发展理论侧重于道德行为表现的变换。（　　）

28. 遗忘曲线揭示了遗忘“先慢后快”的规律。（　　）

29. 一般来说，后进生往往只有较近的具体目标或是空泛的远大目标。（　　）

30. 学校教育对学生个体发展的影响表现为影响学生个体的社会化和心理发展方面。（　　）

四、简答题：

本大题共 5 小题，每小题 6 分，共 30 分。

31. 简述 20 世纪 80 年代以来，现代西方教育心理学发展所具有的显著特点。

32. 简述建立良好师生关系的心理学原则。

33. 简述皮亚杰的认知发展分期。

34. 简述影响学习迁移的主要因素。

35. 简述教师管理的弊病。

五、论述题：

本大题共2小题，每小题10分，共20分。

36. 试述人本主义心理学的教育主张。

37. 联系实际试述如何提高理解的效果。

四川省2018年1月高等教育自学考试教育心理学试题参考答案

（课程代码 02111）

一、单项选择题

1. D　2. A　3. C　4. B　5. B　6. C　7. D　8. A　9. C
10. C　11. D　12. D　13. A　14. C　15. D　16. D　17. B　18. B
19. A　20. B

二、名词解释题

21. 临床个案法：对学与教的个案作详尽的观察、评量与操纵的研究法。

22. 学习困难儿童：是指在理解或使用语文方面，显示基本心路历程失常的儿童。

23. 态度：是人们对事物的爱憎、趋避的心理及行为倾向。

24. 课堂心理气氛：指课堂里某种占优势的态度与情感的综合表现。

25. 自陈人格测验：指被测者对自己的人格按自己的意见予以评定的一种方法。

三、判断改错题

26. ×（2分）改为：实现人的潜力得到充分发挥。（2分）

27. ×（2分）改为：道德观念或道德判断的发展。（2分）

28. ×（2分）改为："先快后慢"。（2分）

29. √（4分）

30. √（4分）

四、简答题

31.（1）学与教的问题成为学校教育心理研究的中心问题；（1 分）

（2）认知心理学的理论深入学与教的过程的研究之中，（1 分）比较重视研究较为复杂的学生的学习过程，研究方法越来越先进；（1 分）

（3）重视研究课堂教学的心理学问题，强调理论的实际应用，重视学习的个别指导问题；（1 分）

（4）更加重视学习过程中认识、情感和动作技能等方面的统一；（1 分）

（5）人本主义心理学对学校教育、对课堂教学过程的影响增加。（1 分）

32.（1）不要把教师的需要解释为学生的需要，（1 分）不要把教师的焦虑和不良情绪转移给学生，（1 分）防止对学生的偏见；（1 分）

（2）创造安全而温暖的课堂气氛；（1 分）

（3）正常的师生关系要有分寸，（1 分）应以公认的渠道为限。（1 分）

33.（1）感觉运动阶段——出生至 2 岁；（1.5 分）

（2）思维准备阶段——2 岁至 7 岁；（1.5 分）

（3）思维阶段——7 岁至 11 岁；（1.5 分）

（4）抽象思维阶段——11 岁至 15 岁。（1.5 分）

34.（1）学习情境的相似性；（1 分）

（2）学习材料的性质；（1 分）

（3）学习活动的多样性；（1 分）

（4）原来学习的熟练和理解程度；（1 分）

（5）年龄特征；（1 分）

（6）智力水平。（1 分）

35.（1）对学生的言行要求过高；（1 分）

（2）对学生的言行要求过低；（1 分）

（3）让学生娱乐或忙碌以取代学习；（1 分）

（4）对惩罚的功效评价过高；（1 分）

（5）缺乏处理问题行为的技巧。（2 分）

五、论述题

36.（1）开放学校和开放课堂（1 分）

（2）人本主义的教学原则：

第一，教学更注重于情感发展而不是知识的获得；（1分）

第二，强调发展自我观念；（1分）

第三，强调交往；（1分）

第四，强调发展价值观。（1分）

（3）人本主义的教学目标：

第一，增加学生的自我意识和独立性；（1分）

第二，帮助学生为自己的学习负责；（1分）

第三，增加创造性；（1分）

第四，发展对艺术的兴趣；（1分）

第五，增强好奇心。（1分）

根据自己的理解作答，言之成理亦可酌情给分，最高分不超过5分。

37.（1）通过直观教学，提供丰富的感性材料；（1分）

（2）引导学生积极思维，提高概括水平；（1分）

（3）利用变式和比较突出事物的本质特征；（1分）

（4）通过语言明确揭示概念和原理的内容；（1分）

（5）使知识具体化，通过应用加深理解；（1分）

（6）使知识系统化，进一步理解教材；（1分）

（7）指导学生自学；（1分）

（8）根据学生的年龄特点区别进行指导。（1分）

联系实际阐述2分。

根据自己的理解作答，言之成理亦可酌情给分，最高分不超过5分。

四川省2018年4月高等教育自学考试
教育心理学试卷

（课程代码　02111）

注意事项：

1. 本试卷分为两部分，第一部分为选择题，第二部分为非选择题。

2. 应考者必须按试题顺序在答题卡指定位置上作答，答在试卷上无效。

3. 涂写部分、画图部分必须使用2B铅笔，书写部分必须使用黑色字迹签字笔。

第一部分　选择题

一、单项选择题：

本大题共20小题，每小题1分，共20分。在每小题列出的备选项中只有一项是最符合题目要求的，请将其选出。

1. 一般认为，教育心理学成为独立学科的起点始于（　　）

A. 1887年　　B. 1903年

C. 1913年　　D. 1920年

2. 提出"掌握学习"理论的代表人物是（　　）

A. 布鲁纳　　B. 布鲁姆

C. 加涅　　D. 维果茨基

3. "儿童的思维具有不可逆性"，这个特点表明儿童处于皮亚杰的认知发展分期的（　　）

A. 感觉运动阶段　　B. 思维准备阶段
C. 思维阶段　　D. 抽象思维阶段

4. 心理社会发展期理论的代表人物是（　　）
A. 斯金纳　　B. 罗杰斯
C. 埃里克森　　D. 杜威

5. 下列不属于班杜拉强调的强化学习类型是（　　）
A. 直接强化学习　　B. 替代强化学习
C. 符号强化学习　　D. 自我强化学习

6. 学生在学习正方形、长方形、等腰三角形时已经形成了轴对称图形的概念，后来学习圆时，发现圆具有轴对称图形的一切特征，因而在其原有认知结构中增加了“圆也是轴对称图形”这一知识点，实现了认知结构的扩充。根据奥苏贝尔的理论，这种学习属于（　　）
A. 顺应学习　　B. 上位学习
C. 下位学习　　D. 并列结合学习

7. 把遗忘归结于信息提取失败，这属于遗忘产生的哪种原因？（　　）
A. 生理原因　　B. 记忆痕迹衰退
C. 干扰　　D. 动机性遗忘

8. 将解决问题的方案付诸实施，并把实施的结果与原有解决问题的要求相对照。这属于解决问题的哪个阶段？（　　）
A. 发现问题　　B. 分析问题
C. 提出假设　　D. 检验假设

9. 学生情绪低落，反应迟缓，不易激动，对学习活动采取无所谓的态度。从焦虑水平的差异来说，学生的这种表现属于（　　）
A. 高度焦虑　　B. 正常焦虑
C. 中度焦虑　　D. 低度焦虑

10. 对学习困难儿童最常用的教育措施是（　　）
A. 森田疗法　　B. 系统脱敏法
C. 行为修正法　　D. 认知疗法

11. 下列不属于“凯勒计划”教学组织形式特点的是（　　）
A. 课程教材被划分为许多单元，每个单元都有具体的学习目标
B. 学生利用学习指导中提供的多种手段进行独立工作以达到学习目标

C. 学生可在任何时间同指导教师讨论单元内的问题

D. 指导教师全部是教学人员，没有学生担任

12. 一般在教和学的过程中进行，目的在于了解教学结果，探究教学中存在的问题的缺陷，以便对教学工作进行调整的学习评定属于（　　）

A. 诊断性评定　　B. 配置性评定

C. 形成性评定　　D. 总结性评定

13. 是一种大规模的、具有统一标准的、按照系统的科学程序组织的、并对误差作了严格控制的测验类型是（　　）

A. 论文式测验　　B. 客观测验

C. 标准测验　　D. 心理测验

14. 婴儿出生一年后，好奇心的强度、积极性、攻击性、活动性、情绪稳定性等方面的差异会愈益显著。这说明了发展具有（　　）

A. 社会化　　B. 概念化

C. 个性化　　D. 平衡化

15. 某人以良心、正义、公平、尊严、人权等一般的原则为标准去进行道德判断，行为完全自律。根据科尔伯格的道德发展阶段论，该人的道德水平处于（　　）

A. 人际关系认同倾向阶段　　B. 权威和社会权力控制倾向阶段

C. 社会契约倾向阶段　　D. 普遍的道德原则倾向阶段

16. 下列不属于学生学习特点的是（　　）

A. 直接性学习为主，间接性学习为辅

B. 组织计划性

C. 面向未来特性

D. 年龄差异性

17. 桑代克根据对动物的研究，提出的基本的学习规律不包括（　　）

A. 准备律　　B. 过程律

C. 练习律　　D. 效果律

18. 反应测验分数的稳定性的可靠性的指标是（　　）

A. 效度　　B. 信度

C. 难度　　D. 区分度

19. 一般而言，学生的成就动机来源不包括哪种需要？（　　）

A．生理需要　　B．认知需要

C．自我提高的需要　　D．附属需要

20．班集体已成为教育主体。这属于班集体形成的（　　）

A．组建阶段　　B．形核阶段

C．形成阶段　　D．发展阶段

第二部分　非选择题

二、名词解释题：

本大题共5小题，每小题2分，共10分。

21．消退

22．投射

23．高原现象

24. 认知风格

25. 有意义学习

三、判断改错题：

本大题共 5 小题，每小题 4 分，共 20 分。判断下列各题划线处的正误，在“答题卡”的试题序号后，正确的划上“√”；错误的划上“×”，并改正错误。

26. 教育心理学关注的焦点是学校中尤其是课堂上所发生的教育事件。（　　）

27. 学校教育对学生个体发展的影响表现为影响学生个体的社会化和心理发展方面。（　　）

28. 后继学习对先前学习的影响叫负迁移。（　　）

29. 知识掌握和能力培养在教学中是两回事。（　　）

30. 当遇见的刺激不能与儿童原有的图式配合时，儿童就会求助于同化。

（　　）

四、简答题：

本大题共5小题，每小题6分，共30分。

31. 简述教学目标的选择标准。

32. 简述程序教学的基本原则。

33. 简述克服遗忘的传统策略。

34. 简述影响课堂心理气氛的因素。

35. 简述学习测量和评定的主要功能。

五、论述题：

本大题共 2 小题，每小题 10 分，共 20 分。

36. 联系实际试述制约儿童心理发展的因素。

37. 联系实际试述如何培养和激发学生的学习动机。

四川省2018年4月高等教育自学考试 教育心理学试题参考答案

（课程代码　02111）

一、单项选择题：本大题共20小题，每小题1分，共20分。

1. B	2. B	3. B	4. C	5. A	6. C	7. C	8. D	9. D
10. C	11. D	12. C	13. C	14. C	15. D	16. A	17. B	18. B
19. A	20. D							

二、名词解释题：本大题共5小题，每小题2分，共10分。

21. 消退：条件反射形成后，如果条件刺激不再伴随无条件刺激出现，条件反射的强度将逐渐降低，最后会降低到条件反射不再发生的程度。这一与条件反射形成相反的过程即为消退。

22. 投射：是学生把自己的感情、思想或信念归诸别人或客体的心理现象。

23. 高原现象：是指在练习中期的一定阶段，练习成绩发生的停滞现象。

24. 认知风格：指学生在加工信息时习惯采用的不同方式。

25. 有意义学习：是指符号所代表的新知识与学生认知结构中已有的适当知识建立非人为的实质性的联系的过程。

三、判断改错题：本大题共5小题，每小题4分，共20分。

26. ×（2分）改为：学习事件。（2分）

27. √（4分）

28. ×（2分）改为：逆向迁移（2分）

29. ×（2分）改为：密切联系的。（2分）

30. ×（2分）改为：顺化。（2分）

四、简答题：本大题共 5 小题，每小题 6 分，共 30 分。

31.（1）价值性标准；（1 分）

（2）可能性标准；（1 分）

（3）低耗性标准；（1 分）

（4）丰富性标准；（1 分）

（5）就高性标准。（2 分）

32.（1）小步子逻辑序列；（2 分）

（2）要求学生做出积极反应；（1 分）

（3）及时反馈；（1 分）

（4）学生自定步调；（1 分）

（5）低的错误率。（1 分）

33.（1）注意营养和健康，防止大脑创伤和心理障碍；（1 分）

（2）加强记忆信心，提供愉快的学习经验；（1 分）

（3）提倡理解基础上的记忆，使用合理的记忆方法；（1 分）

（4）复习；（1 分）

（5）过度学习；（1 分）

（6）记忆术。（1 分）

34.（1）教师的教学；（1 分）

（2）课堂领导方式；（2 分）

（3）校风与班风；（1 分）

（4）师生人际关系；（1 分）

（5）班级规模；（1 分）

35.（1）诊断功能；（1.5 分）

（2）反馈与鞭策功能；（1.5 分）

（3）管理功能；（1.5 分）

（4）教育心理功能。（1.5 分）

五、论述题：本大题共 2 小题，每小题 10 分，共 20 分。

36.（1）遗传与环境。（1 分）联系实际阐述 1 分。

（2）成熟与学习。（1 分）联系实际阐述 1 分。

（3）社会环境因素。（1分）联系实际阐述1分。

（4）学校教育因素。（1分）联系实际阐述1分。

（5）主观能动因素。（1分）联系实际阐述1分。

根据自己的理解作答，言之成理亦可酌情给分，最高分不超过5分。

37.（1）加强学习目的教育，发挥目标激励作用；（1分）

（2）引起心理上的不确定性，激发学生的求知欲；（1分）

（3）通过获得成功的机会和体验，激发学生的学习动机；（1分）

（4）培养和激发学生的学习兴趣；（1分）

（5）利用学习反馈和学习评定；（1分）

（6）利用学习竞赛和奖惩激发学习动机；（1分）

（7）与学生签订学习协议；（1分）

联系实际阐述3分。

根据自己的理解作答，言之成理亦可酌情给分，最高分不超过5分。

四川省 2018 年 10 月高等教育自学考试教育心理学试卷

（课程代码　02111）

注意事项：

1. 本试卷分为两部分，第一部分为选择题，第二部分为非选择题。

2. 应考者必须按试题顺序在答题卡指定位置上作答，答在试卷上无效。

3. 涂写部分、画图部分必须使用 2B 铅笔，书写部分必须使用黑色字迹签字笔。

第一部分　选择题

一、单项选择题：（本大题共 20 小题，每小题 1 分，共 20 分。）

在每小题列出的备选项中只有一项是最符合题目要求的，请将其选出。

1. 教育心理学的研究对象是（　　）

A. 学与育　　B. 保与教

C. 学与教　　D. 教与育

2. 一般认为，教育心理学成为独立学科的起点的代表人物是（　　）

A. 桑代克　　B. 斯金纳

C. 华生　　D. 裴斯泰洛齐

3. 了解非正式学生群体的简便易行的专门方法是（　　）

A. 观察法　　B. 谈话法

C. 社会测量法　　D. 自然实验法

4. 被称为“行为目标之父”的人是（　　）

A. 杜威　　B. 泰勒

C. 艾斯纳　　D. 斯腾豪斯

5. “一朝被蛇咬，十年怕井绳”属于下列哪种现象？（　　）

A. 尝试与错误　　B. 经典条件反射

C. 操作条件反射　　D. 社会学习

6. 小明能运用“长方形面积=长×宽”这一公式求出某些具体的土地或房屋的面积。这种学习结果属于加涅学习结果分类中的哪一类？（　　）

A. 言语信息　　B. 智慧技能

C. 认知策略　　D. 态度

7. 学生情绪低落，反应迟缓，不易激动，对学习活动采取无所谓的态度。从焦虑水平的差异来说，学生的这种表现属于（　　）

A. 高度焦虑　　B. 正常焦虑

C. 中度焦虑　　D. 低度焦虑

8. 在理解的水平中，属于高水平理解的是（　　）

A. 字面理解　　B. 解释的理解

C. 创造性理解　　D. 批判性理解

9. 小明由于语文课程教学内容丰富多彩、生动有趣而对语文产生了浓厚的学习兴趣，非常喜欢学习语文。小明的这种学习动机属于（　　）

A. 外部动机　　B. 内在动机

C. 远景性动机　　D. 辅助性动机

10. 根据对禀赋优异儿童的广义界说，下列不属于禀赋优异的儿童的是（　　）

A. 考试得满分者

B. 智力测验获得智商 140 分以上者

C. 在特殊性向测验有突出表现者

D. 在创造性能力测验得分超群者

11. 对分散学生注意力的书籍、玩物可暂时拿掉，这属于哪种课堂管理技巧？（　　）

A. 邻近控制　　B. 移除诱因

C. 提高兴趣　　D. 提出要求

12. 指测量的真实性、正确性的测验指标是（　　）

A. 效度
B. 信度
C. 难度
D. 区分度

13. 在测验时向被测者提供一些模棱两可的刺激，让他在不受限制的情况下，自由地作出自己的反应，使其不知不觉地表露出人格特征的人格测验是（　　）

A. 自陈人格测验
B. 投射人格测验
C. 价值测验
D. 态度测验

14. 下列不属于教育心理学常用的研究方法的是（　　）

A. 观察法
B. 调查法
C. 历史分析法
D. 自然实验法

15. 根据埃里克森的心理社会发展阶段理论，2-3 岁阶段的心理社会危机是（　　）

A. 信任对不信任
B. 勤奋对自卑
C. 主动对内疚
D. 自主对羞愧、怀疑

16. 布鲁姆的教育目标分类学不包括（　　）

A. 认知领域目标
B. 情感领域目标
C. 过程领域目标
D. 心因动作领域目标

17. “蓬生麻中，不扶自直”，这说明了哪个因素对人的发展的影响作用？（　　）

A. 遗传
B. 成熟
C. 环境
D. 学校教育

18. 积极的课堂心理气氛特征不包括（　　）

A. 师生对教学过程注意稳定而集中
B. 对讲师讲课抱怀疑态度
C. 学生能够坚持、努力、克服困难
D. 师生感情融洽

19. 下列属于皮亚杰的认知发展分期的思维阶段的特点是（　　）

A. 儿童对质量的保存异常困难
B. 思考可以逆转、矫正
C. 认为万物皆有生命
D. 一切以自我为中心

20. 奥苏贝尔提出的三个主要影响迁移与保持的认知结构变量不包括（　　）

A. 有计划性
B. 可利用性
C. 新旧观念的可辨别性
D. 原有的起固定作用观念的稳定性和清晰性

第二部分　非选择题

二、名词解释题（本大题共 5 小题，每小题 2 分，共 10 分。）

21. 智力技能

22. 同化

23. 替代强化

24. 回归

25. 先行组织者

三、判断改错题（本大题共 5 小题，每小题 4 分，共 20 分。）

判断下列各题划线处的正误，在“答题卡”的试题序号后，正确的划上“√”；错误的划上“×”，并改正错误。

26. 冲动型学生在解决问题的能力方面比反省型学生<u>差些</u>。（　　）

27. “印刻现象”说明了<u>成熟</u>对于发展过程的重要性。（　　）

28. 只有给予奖惩，学习才发生。　（　　）

29. 焦虑的反应是与体验到的威胁的真实程度成比例。　（　　）

30. 最为重要的学生集体是学生会。　（　　）

四、简答题（本大题共 5 小题，每小题 6 分，共 30 分。）

31. 简述学习教育心理学的意义。

32. 简述科尔伯格的道德发展分期。

33. 简述培养学生解决问题能力的方法。

34. 简述良好课堂管理的主要原则。

35. 简述影响学习测量和评定的教师心理因素。

五、论述题（本大题共 2 小题，每小题 10 分，共 20 分。）

36. 联系实际试述优秀教师的品质与技能。

37. 结合实际试述如何促进学习的迁移。

四川省 2018 年 10 月高等教育自学考试教育心理学试题参考答案

（课程代码　**02111**）

一、单项选择题

1. C　2. A　3. C　4. B　5. B　6. B　7. D　8. C　9. B
10. A　11. B　12. A　13. B　14. C　15. D　16. C　17. C　18. B
19. B　20. A

二、名词解释题

21. 智力技能：是以抽象思维主导的解决实际问题的技能。

22. 同化：是儿童使新的感知事物或刺激事件与现有的行为模式一体化的过程。

23. 替代强化：指学习者通过他人受到强化而使自己被强化的现象。

24. 回归：是当个体被自己所不能处理的情感压倒时，所表现出的忽然回到原来发展水平，从而感到心情舒畅而不受这种情感的干扰。

25. 先行组织者：指在有意义接受学习中，在呈现正式的学习材料之前，使用学生可理解的语言所提供的一些引导性材料。

三、判断改错题

26. ×（2 分）不一定差。（2 分）

27. ×（2 分）经验和学习。（2 分）

28. ×（2 分）只有产生内在激励。（2 分）

29. √（4 分）

30. ×（2 分）班集体。（2 分）

四、简答题

31. （1）增加对学校教育过程和学生学习过程的理解；（1.5 分）

（2）教育心理学知识是所有教师的专业基础；（1.5 分）

（3）有助于科学地总结教育教学经验；（1.5 分）

（4）提供了学校教育、教学改革和研究的理论和方法基础。（1.5 分）

32. （1）前习俗水平（2 分）

第一阶段：惩罚与服从定向阶段

第二阶段：操作与关系定向阶段

（2）习俗水平（2 分）

第三阶段：人际关系与认同定向阶段

第四阶段：权威和社会权利控制定向阶段

（3）后习俗水平（2 分）

第五阶段：社会契约定向阶段

第六阶段：普遍的伦理定向阶段

33. （1）培养学生主动解决问题的内在动机；（1 分）

（2）问题的难易应适合学生的学习能力；（1 分）

（3）指导学生理解和分析问题，创设必要的问题情境；（1 分）

（4）提供较充裕的时间和适当的自由；（1 分）

（5）鼓励学生验证答案，提供解决问题的机会。（2 分）

34. （1）以积极的指导为主，以消极的管理为辅；（1 分）

（2）培养良好行为于先，奖惩管理于后；（1 分）

（3）师生共同制定可能达成的行为标准；（1 分）

（4）采取民主式领导，培养学生群居共处的合作态度；（1 分）

（5）改善处理问题行为的知能与技巧，以他律为始，以自律为终；（1 分）

（6）减少造成不良行为的校内及校外刺激因素。（1 分）

35. （1）宽大误差；（1 分）

（2）光环效应；（1 分）

（3）集中趋势；（1 分）

（4）逻辑误差；（1 分）

（5）对比误差；（1 分）

（6）邻近误差。（1分）

五、论述题

36.（1）教师在课堂上的教学行为；（1分）联系实际阐述1.5分。

（2）理解学生；（1分）联系实际阐述1.5分。

（3）与学生的有效交际；（1分）联系实际阐述1.5分。

（4）理解自己；（1分）联系实际阐述1.5分。

根据自己的理解作答，言之成理亦可酌情给分，最高分不超过5分。

37.（1）合理地安排课程与组织教材；（1分）联系实际阐述1分。

（2）提高概括水平，强调理解；（1分）联系实际阐述1分。

（3）课内和课外练习配合，提供应用机会；（1分）联系实际阐述1分。

（4）提供学习方法的指导；（1分）联系实际阐述1分。

（5）培养良好的心理准备状态。（1分）联系实际阐述1分。

根据自己的理解作答，言之成理亦可酌情给分，最高分不超过5分。